長年強風を受け続けたパタゴニアのフラッグツリー(チリ)

ひたすら眺めた生きた氷河(アルゼンチン)

上／無人地帯に備え、36リットルの水を積み込む（チリ）
下／強風から逃れるため、道路下にテントを張る（アルゼンチン）

道なきラグーナルートを進む（ボリビア）

ナスカを目指してアンデス山脈を越える（ペルー）

力を合わせて重い十字架を運ぶ巡礼者たち（ペルー）

長年旅人を見守り続ける砂漠のレストラン（ペルー）

右／赤道記念碑で南米大陸踏破を果たす（エクアドル）
左／オタバロ族の少女と3ドルで買った犬（エクアドル）

山肌を赤く染めるフエゴ火山（グアテマラ）

トドス・サントス・クチュマタンの民族衣装（グアテマラ）

右上／メキシコ名物タコス（メキシコ）左上／テワカンのおふくろの味（メキシコ）右下／色とりどりのフルーツが並ぶ直売所（エクアドル）左下／具沢山なスペシャルラーメンは極北での主食（カナダ）

巨大なサボテン（メキシコ）

上／ナバホ族の聖地モニュメントバレー（アメリカ）下／北極圏に突入（カナダ）

髭が凍りつくほどの寒さ（アメリカ）

ウシュアイアから歩いてきたもう一人の男カーゴ（カナダ）

最後の難関、凍結したピール川を渡る（カナダ）

限界まで履きつぶした最後の靴。地球二周の旅で21足の靴を履いた（カナダ）

わたしの旅ブックス
032

歩みを止めるな!
世界の果てまで
952日リヤカー奮闘記

吉田正仁

産業編集センター

目次

ラ・アチャドゥラ
サンサルバドル
エル・トゥンコ
ラ・リベルタード
ホコロ
サン・ミゲル
エル・アマリージョ
サン・ロレンソ
グアサウレ
ホンジュラス
プエルト・オバルディア
エルサルバドル
ニカラグア
カプルガナ
トゥルボ
レオン
グラナダ
パナマ
カニャスゴルダス
サンタ・フェ・デ・アンティオキア
オタバロ
カヤンベ
グアイリャバンバ
キト
カルタゴ
トゥルア
コロンビア
プエルト・テハダ
イピアレス
エクアドル
ピウラ
モロペ
チクラヨ
トルヒーヨ
カスマ
リマ
バケリア
サン・ルイス
ワラス
ペルー
マチュピチュ
アバンカイ
クスコ
ナスカ
エル・アルト
ラパス
ボリビア
タウア
コルチャニ
ウユニ
アロタ
サン・ペドロ・デ・アタカマ
アントファガスタ
タルタル
ラ・セレナ
ビーニャ・デル・マール
サンティアゴ
アルゼンチン
チリ
バリローチェ
エスケル
ラフンタ
プユワピ
チレ・チコ
バホ・カラコレス
ロス・グラシアレス国立公園
ペリト・モレノ氷河
トレス・ラゴス
エル・カラファテ
トーレス・デル・パイネ国立公園
プエルト・ナタレス
サン・セバスチャン
リオ・グランデ
トルウィン
プンタ・アレナス
ポルベニール
ウシュアイア
ティエラ・デル・フエゴ国立公園

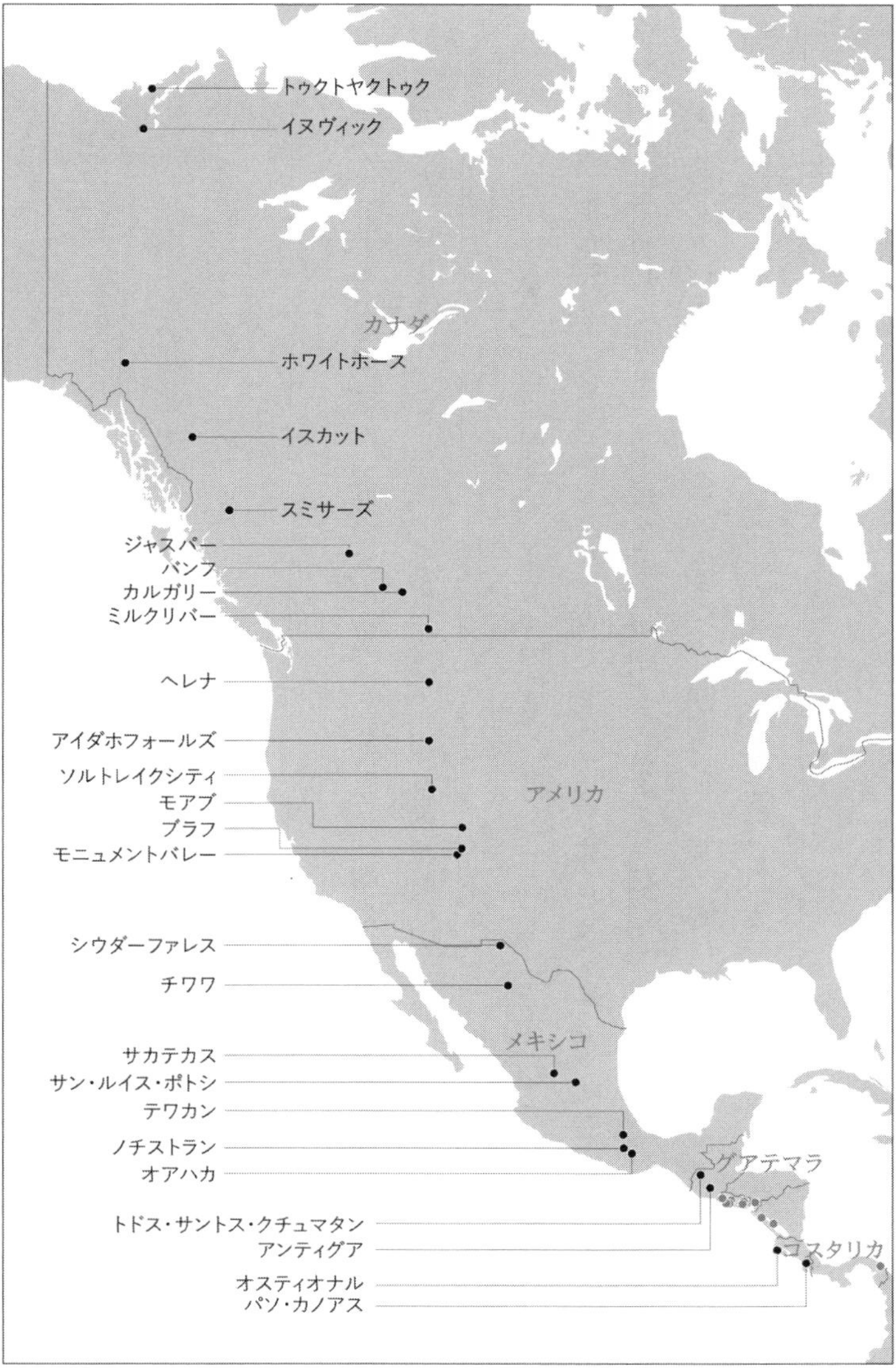

トゥクトヤクトゥク
イヌヴィック
カナダ
ホワイトホース
イスカット
スミサーズ
ジャスパー
バンフ
カルガリー
ミルクリバー
ヘレナ
アイダホフォールズ
ソルトレイクシティ
アメリカ
モアブ
ブラフ
モニュメントバレー
シウダーファレス
チワワ
メキシコ
サカテカス
サン・ルイス・ポトシ
テワカン
ノチストラン
オアハカ
グアテマラ
トドス・サントス・クチュマタン
アンティグア
コスタリカ
オスティオナル
パソ・カノアス

プロローグ

ヤフーメールの受信箱に一通のメールが届いたのは、南米行きを一週間後に控えた日のことだった。差出人は「Aerolineas Argentina」。二ヶ月前に航空券を買ったアルゼンチン航空である。

「一体なんだろう」と思いつつ、メールの件名に目をやるが、アルゼンチンの公用語のスペイン語で書かれているのでさっぱり理解できない。「どうせ確認メールに違いない」。搭乗数日前に航空会社から案内メールが届くのはよくあることだ。

大したことは書かれていないだろうし、面倒なので基本的にこの手のメールに目を通すことはしない。それに英語ならまだしもスペイン語なのである。難解なスペイン語で書かれた件名だが、唯一「Importante」という単語だけは察しがついた。英語で「重要」を意味する

「Important」と重なり、その単語に妙な胸騒ぎを覚えた。カーソルを合わせてクリックし、メールを開いてみる。

パソコンモニターに浮かび上がる文字列は頭を抱えたくなるくらいにちんぷんかんぷんだった。しかし、アラビア数字は世界共通である。メールの文面には予定していたフライトの日時があり、矢印の先に別の時間が書かれていた。

日本からアラビア半島を経て、アルゼンチンの首都ブエノスアイレスに到着するのは夜のことだ。空港で一夜を過ごし、翌朝九時に同国最南端のウシュアイアへ向かうアルゼンチン航空のフライトを予約していたが、どうやら出発時刻が四時四〇分に変更されたらしい。空港で過ごす時間が短くなるだけなので、まったく問題はない。胸騒ぎは杞憂に終わり、何事もなかったようだと胸を撫で下ろす。

それにしてもスペイン語というのは、見れば見るほど難解だ。南米大陸で訪れる予定の国はすべてスペイン語が公用語なのである。南米では英語がまったく通じないと聞くが、果たして大丈夫なのだろうか。

一抹の不安を覚えつつ、スペイン語の勉強がてらメールの内容を把握してみようかと考えた。メールの文面をコピーし、翻訳サイトを介して日本語に訳した瞬間、「えええええっっ」と絶叫し、パソコンモニターを前に硬直してしまった。

変更があったのはフライトの時間だけでなかった。なんと出発空港までもが変わっているではないか。ブエノスアイレスには国際便が発着する郊外のエセイサ国際空港と四〇キロ離れた市内に位置するアエロパルケ空港がある。アエロパルケ空港は主にアルゼンチンの国内線が発着しており、ウシュアイア行きの便も多いが、総重量七〇キロの荷物を持って空港間を移動するのは非常に面倒である。そのため、あえてエセイサ国際空港からの便を予約していたのだ。

フライトの時間が変わるのは問題ないが、空港が変わるのは大問題だ。例えるなら成田空港発の飛行機を予約していたのに、こちらの予定などおかまいなし、航空会社の都合で羽田空港発の便に変更を告げられた感じだ。日本ならこんなことは絶対にあり得ない。

メールは「質問がある場合はコールセンターにお問い合わせください」と結ばれていた。出発準備に忙しいというのに余計な手間をかけやがって。質問ではなく苦情を伝えてやりたい気分である。

すぐさまアルゼンチン航空のホームページにアクセスし、世界各国の事務所一覧に辿り着いた。幸い日本にも事務所があるようだけど、まさかスペイン語対応ではないよな……と不安がよぎる。おそるおそる電話をかけたが、通話中がしばらく続いた。リダイヤルを何回か繰り返すと、「プルルルル」と呼び出し音が聞こえ、ようやく電話が繋がった。気合を入れて、「オラ（こんにちは）」とスペイン語で挨拶すると、「はい？」と日本語が返ってきた。メールはスペイン語だが、さすがに日本の事務所は日本人が対応してくれるらしい。ほっと一息ついた後、こちらの事情を説明する。

「日本からエセイサ国際空港に到着予定ですが、大量の荷物があるので同空港からウシュアイアへの航空券を買ったんです。そちらの都合で突然出発空港が変わるのはすごく困るんですよね。アルゼンチン航空の負担で荷物と私をアエロパルケ空港へ運んでくれるんですか？」

「それは難しいですが、エセイサ国際空港発の別便に変更するようにします」

日本事務所の男性はそう言ってくれ、最悪の事態を免れることができた。アルゼンチン航空といえば同国のフラッグキャリアである。陽気でおおらかというイメージのラテン気質だが、一国を代表する航空会社ですらこの有様なのだ。これがアルゼンチンであり、南米基準なのだろうか。まだ南米の地を踏んでいないというのに、その洗礼はなかなか強烈だった。眉間に皺を寄せ、腕組みをした私は、「ふーっ」と重苦しい溜息を一つ吐き、買い物リストに「スペイン語の会話帳」と書き加えた。

今回の南米行きは南米大陸縦断が目的だ。一口に「旅」といっても人それぞれ、豪華客船から乗り合いバスまで移動手段もさまざまだが、私の旅は全行程徒歩の単独行である。二〇〇九年以来、長い年月をかけて世界を歩いてきたが、四つの大陸を端から端まで踏破し、残るは南米大陸だけになっていた。

私自身、こんなにも長い旅になるなんて思っていなかった。「一つのことをやり遂げたい」と一念発起して、中国・上海からユーラシア大陸最西端に位置するポルトガル・ロカ岬を目指し、徒歩でユーラシア大陸を歩き始めたのが始まりだった。

この世に生を受けてからの四半世紀を振り返っても、何かをやり遂げたという経験がなかった。勉強やスポーツなど何をやっても中途半端だったし、当時の私は生きる意味を見失い、誰かに敷かれたレールの上を惰性のまま歩いていた。「人生って何だろう。何のために生きているのだろう」と幾度となく自問を繰り返した。何でもいいから熱くなれるものがほしかった。やり切ったという手ごたえがほしかった。生きた証を残したかった。

そんな時に思いついたのが徒歩の旅だった。地球には二〇〇近くの国家があり、七〇億の人たちが同じ時間を生き、日々の生活を送っている。改めて確認するまでもなく、当然のことかもしれないが、アフリカのサバンナで狩りをしている人やアマゾンの奥地で暮らす先住民など、私たちとは異なる環境下で暮らす人のことを思い浮かべても、何かとせわしい日本ではなかなか実感がわかない。

長い人生の中で多くの人と出会うが、そのほとんどはすれ違うだけで終わってしまい、私たちの人生は決して交わることはない。出会いというのは偶然の連鎖であり、小さな偶然を一つ一つ紡ぎながら人は生きている。そんな巡り合わせを面白いものだと思うのと同時に儚さを覚えた。そして自分の知らない土地を歩いて訪れてみたいと強く思った。大都市や観光地ではないバスや列車では素通りしてしまう小さな町や村を訪れ、そこで暮らす人たちと出会うというのが旅のテーマだ。

全行程徒歩という性質上、衣食住のすべてを持ち運ぶ必要がある。テントや寝袋、調理道具など装備品は重く、人が住んでいない無人地帯ではたくさんの食料や水を携帯しないといけない。時には一〇〇キロを超えるであろう荷物をバックパックに詰め込んで歩くのは現実的でなく、何らかの運搬手段が必要だった。ロバやラクダなど動物を使うことも考えたが、国境を越える際、検疫という問題があるはずだ。砂漠のど真ん中で死なれても困るし、動物連れでは宿に泊まるのも難しそうだ。それに道中何かとトラブルが多そうである。色々と考えた結果、リヤカーに荷物を載せて運ぶことを選んだ。

一時間に進める距離はわずか五キロ。自転車なら下り坂や追い風の中、ペダルを漕がなくても前へ進めるが、徒歩ならば、どんな環境であろうとも常に一歩一歩地を踏んでいかないといけない。

文字通り将棋の「歩」のような旅であり、まさに究極の人力だ。苦労が多く、膨大な時間がかかるに違いないが、これこそ私の欲求を満たしてくれ、大きな手ごたえを得られるはずだという確信があった。

煙草をやめ、酒の誘いはすべて断り、ひたすら倹約につとめ、貯蓄に励んだ。日本縦断どころか、一日歩き続けた経験すらなかったので、出発の一年前からは仕事休みの週末、歩くトレーニングを重ねた。

約二年間の準備期間を経て、二〇〇九年一月一日、私は上海を出発した。歩き始めて九日目に腱鞘炎を負い、カザフスタンの無人地帯で遭難。ウクライナで荷物を盗まれ、極寒のブルガリアでは凍傷を負って入院。独立間もないコソボではスパイ容疑をかけられて警察に拘束された。数々のトラブルに見舞われながらも、知識と経験を着実に積み重ねていき、ユーラシア大陸の旅は順調に進んでいった。

上海を発ってから五八〇日目。辿り着いた最果ての岬には石碑があり、ポルトガルの詩人ルイス・デ・カモンイスの言葉が刻まれていた。「ここに地終わり、海始まる」一年八ヵ月をかけてついに私は広大な大陸を歩き抜いたのだった。

ユーラシア大陸のゴールが目前に迫った時、今後について考える必要があった。当初の目的を果たせそうであり、それなりに大きな手ごたえを得ることができた。もちろん帰国という選択肢もあったが、それ以上にこの挑戦を継続したいという気持ちが強かった。

上海から歩き始めた一本の道が、いくつもの国境を抜け、山を越え、時には砂漠へと変わりながらも大陸の西端までつながっているという事実は感動的だった。動力に頼らなくても、自らの足で小さな一歩を積み重ねることで目的地に達することができる喜びと充足感を私は知ってしまったのだ。

そして、次の挑戦として考えたのが、徒歩による地球一周である。ポルトガルからアメリカへ空路移動し、東海岸から西海岸まで北米大陸を横断する。その後上海へ戻れば、徒歩で地球一周したことになるではないか。

二大陸目の北米を歩き始めると、さらなる挑戦が頭に浮かんだ。「どうせ地球一周に挑戦するなら、赤道一周の距離に相当する四万キロを歩いてみようではないか」と。

さらにオーストラリア大陸を縦断し、東南アジアを経て、出発の地・上海へ戻ったのが旅立ちから一六二一日目、二〇一三年六月のことだった。歩き始めた時、二七歳だった私は三二歳になっていた。

徒歩による地球一周を果たし、一区切りついたわけだが、このまま旅を終えるつもりはなかった。これまでと同じように一つの目標を達成したら、さらにハードルを上げて新たなことに挑戦したいと考えていた。次に目指すのは徒歩による五大陸踏破である。

地球一周の徒歩行では困難が現れるたびに乗り越え、生きている実感を得られる瞬間が幾度となくあった。仕事や家族、趣味など、生きていく上でのテーマは人それぞれだと思うが、私は歩くことに人生の意義を見出しつつあった。それにここまできたら、すべての大陸を歩き抜きたいではないか。

「なぜそんなことをしているの？」旅先で出会った人たちは未知の生物と遭遇したかのような面持ちで幾度となく尋ねてきた。長期に渡り、途方もない距離を歩き続けているため、もしかしたら過酷な挑戦と思われているのかもしれない。もしこれがテレビの企画で「やらされている」ものであれば、うんざりしたものだったかもしれないが、私は自らの意思で歩き続けている。やめたいと思ったことは一度たりともなかった。

日本で一年を過ごした後、私はアフリカ大陸へ向かった。アフリカ大陸北端のエジプト・アレクサンドリアから東アフリカを縦断し、二〇一五年七月に南アフリカ・喜望峰に到達。四つ目の大陸を踏破し、残るは南米大陸だけになった。

楽しみは残しておき、好きなものを最後に食べる性格である。しかし、南米大陸を最後に残したのは、決して楽しみだったからではない。「残した」のではなく、「残ってしまった」

と言った方が正しいだろう。

インターネットで「危険都市ランキング」と検索ワードを打ち込んでみると、南米の都市がズラリと上位に並んでいる。強盗、殺人、誘拐、麻薬にマフィア……。南米のことを考えると、不穏な単語が次から次へと頭に浮かび、墨汁をこぼしたかのように黒い靄がじわじわと広がっていく。アルゼンチン航空からのメールも「南米に来るでない」という神様のお告げに思え、拭い切れない不安がねっとりと脳裏にこびりついていた。

しかし不安要素は多いものの、南米の大自然やこの地で暮らす先住民など、好奇心をくすぐるものも少なからずあった。それに何より、五大陸踏破という目的がある以上、どうしても避けることはできないのだ。

南米大陸の踏破を残したまま、新たな人生を踏み出せば、大きな後悔を背負って生きていくことになりそうだし、「敗北」を意味するとすら思っていた。長い徒歩の旅にケリをつける必要があった。

二〇一五年九月末、最後の旅へ向け、日本を発つところから今回の話は始まる。

第1章

パタゴニアから始まる最後の旅

南米前編

1. 世界の果てへ ［アルゼンチン］

地球の裏側といわれるだけあって、南米大陸は遠かった。航空券の安さに釣られ、アメリカ経由に比べて時間のかかる西回りを選んだのだから尚更遠い。

まずは東京から十一時間かけてアラブ首長国連邦・ドバイへと向かった。機内モニターにはドバイまで約八千キロと飛行距離が表示されている。「歩けば一六〇日か」と呟いた。世界を歩き始めて以来、飛行機の距離表示や道路の距離標識を見るたびに歩行日数を換算する習慣がついてしまった。徒歩や人力で旅する人間の性であり宿命ともいえるだろう。四時間の乗り継ぎを経て、ドバイを発った飛行機はサウジアラビア上空を飛行して西を目指す。

眠りから覚め、窓の外に目をやると、地平線へ至るまで砂漠が果てしなく広がり、その中を一本の川が伸びていた。フライトマップで現在地を確認すると、スーダンの首都ハルツームの北を飛行しているようだった。眼下に伸びる川はナイル川であると確信する。川の近くには小さな町や幹線道路が見え、「アフリカ大陸を縦断した時、絶対にここを歩いているよな」と思った。生命の存在を拒絶するかのような褐色の大海を上空から見下ろしているだけなのに、口内が渇いてしまいそうだ。我ながらこんなところをよく歩いたものだ。アフリカでの日々は過去のものになったが、ここで暮らす人たちの日常は今この瞬間も続いている。かつて歩いた場所を機上から眺めるのも不思議な気分だった。

やがて飛行機はスーダンからチャド、カメルーンを経て、大西洋へと抜けた。砂漠の中に集落が現れると「どんな人たちが暮らしているのだろう」と想像を膨らませる。私の旅の根底にある部分は、歩き始めてから七年目に突入した今も変わっていない。さらにブラジル・リオデジャネイロを経由して、ブエノスアイレスに到着したのが現地時間十九時三〇分のことだった。長い移動の疲れはあったが、まだ終わりではなく、翌日も移動は続く。荷物を盗まれないようワイヤーロックで連結し、この夜は空港の固いベンチで一夜を過ごした。

ブエノスアイレスから先は、出発一週間前に「出発空港と時間が変わった」と一方的に通告してきたアルゼンチン航空の飛行機である。同空港発の別便に変更済みなので、問題が生じることもなく、定刻通り六時二五分、ウシュアイアへ向けて飛び立った。

当初予定していた便はウシュアイアまで約三時間の直行便だったが、変更された便はバリローチェ、エル・カラファテを経由し、七時間もかかることになった。最初の経由地バリローチェを離陸した後は山々が連なるパタゴニアの景色を見下ろせた。

パタゴニアは南アメリカ大陸の南緯四〇度付近を流れるコロラド川以南の地域の総称でアルゼンチンとチリの両国にまたがる。バリローチェはパタゴニアの北端に位置する街で、つまり今ここからパタゴニアに足を踏み入れているのだ。

パタゴニアの雄大な自然に目を奪われていると、周囲の山々とは明らかに異なる存在感を放ち、威風堂々鎮座する山が見えた。氷河に削り取られた山頂はひときわ険しく、空を突き刺すかのように尖鋒が聳え立っている。アウトドアメーカーのロゴのモチーフにもなっている名峰フィッツ・ロイだ。

氷河や美しい山々など無垢な自然が残るパタゴニアは今回の旅で最も楽しみにしている場所の一つである。どんどん流れていくパタゴニアの景色を眺めていると、この先こんなところを歩いて旅するのかと、遠足前の子供のようにわくわくとした興奮があった。

その後も飛行機は南下し続け、眼下にはフエゴ島の大地が広がっていた。機体はゆっくりと高度を下げ、徐々に山肌が近付いていく。パタゴニアは強風が吹き荒れることで知られている。飛行機が強風に煽られ、大きく揺れた。すーっと体から血の気が引く心地の後、心臓が縮み上がった。

窓の外に目をやると、飛行機の主翼がグラグラと頼りなく揺れているが、大丈夫なのだろうか……。「フエゴ」はスペイン語で「火」を意味するが、火の島というよりは風の島の様相を呈していた。

やがて飛行機は太平洋と大西洋をつなぐビーグル水道に到達。心身を大きく疲弊させながら、無事ウシュアイアの地を踏んだ。東京から実に五一時間半に及ぶ長い移動だった。

九月末ではあったが、東京を発った日は最高気温二五度超の夏日だった。北半球と季節が真逆の南半球では厳しい冬が終わり、春を迎えたばかりだが、機上から見下ろしたパタゴニアの景色は一面真っ白に染まっていた。南米大陸における不安要素はいくつかあったが、目下の不安はパタゴニアの寒さであり、歩き始めの一ヵ月が最も厳しい気候になるだろうと考えていた。フリースの上に防寒ジャケットを着込み、いつになく真剣な面持ちで「さて」と覚悟を決める。自動ドアが開き、空港の外へと踏み出したものの、頬を強張らせるかのような冷気が体を包み込むことはなく、「あれっ」と素っ頓狂な声をあげた。今の時期、ウシュアイアの最高気温は五度前後のはずだが、想像以上に暖かな気候に拍子抜けしてしまう。

同じ飛行機の乗客が出ていくと、小さな空港は閑散とし、静まり返っていた。どうやら他に出発便や到着便はないらしい。客を捕まえられなかったタクシードライバーたちは次々に空港を去っていき、私一人だけが取り残された。

空港の片隅でリヤカーを組み立て始める。リヤカーと聞くと、昔ながらの鉄製の大きなものを想像するかもしれない。そして南米までどのように運んだのだろうと思う人もいるだろう。自然災害が相次ぐ近年は防災用としての需要が高まり、アルミ製の軽く、折り畳み可能なコンパクトなものが主流となっている。私が使用しているリヤカーも例外ではなく、静岡県牧之原市のナガノという会社が作る折り畳み式で耐荷重は一七〇キロである。

四年半に及んだ地球一周の旅で一台、そしてアフリカから二台目を使っている。折り畳めば自転車並みに小さくなり、重量は二〇キロ弱。追加料金を払えば飛行機で運ぶことも可能だ。組み立てるにも工具など不要で五分もかからない。

リヤカーを組み立てた後、五キロ離れた街を目指した。歩き始めると、すぐに体は汗ばんで防寒ジャケットを脱いだ。街に着き、ヤクシュホステルという安宿に投宿した。暖かな室内ではTシャツ、短パンで過ごし、夜はパンツ一枚で眠る。「ここパタゴニアでしたっけ?」と誰かに確認したくなるくらいだ。思い描いていたパタゴニアのイメージが崩れていく。

ウシュアイアは首都ブエノスアイレスまで三二五〇キロ離れているのに対し、南極圏までわずか一〇〇〇キロのところに位置する。「Fin del mundo（世界の終わり）」と称されるので、この世の果てのような荒涼とした寒村を思い描いていたが、広く青い空を霧のような薄雲が流れ、雪をかぶった山の裾野にはヨーロッパの田舎を思わせる色鮮やかな街並みが広がっている。

ウシュアイアに着いて三日目の二〇一五年十月四日、街から約二〇キロ離れたティエラ・デル・フエゴ国立公園に足を運んだ。ティエラ・デル・フエゴはスペイン語で「火の陸地」を意味する。一五二〇年、ポルトガルの探検家マゼランが後にマゼラン海峡と呼ばれる海峡を発見した時、左舷に広がる大地にいくつもの焚き火を目にし、「ティエラ・デル・フエゴ」と名付けた。

その焚き火は先住民族ヤーガン族のものだったといわれている。アフリカに誕生した人類がユーラシア大陸を通ってアメリカ大陸にまで拡散していった約五万三千キロの行程は「グレートジャーニー」と呼ばれる。アジア系モンゴロイドのヤーガン族は陸続きだったベーリング地峡を渡り、長い年月をかけて南米大陸の南端に辿り着いた。なんて壮大な旅なのだろう。そして私は彼らの旅路をなぞるように南米大陸を北上していくのだ。

ウシュアイアは南米大陸最南端の街だが、そんな最果ての街の「最果て」をスタート地点に定めた。ティエラ・デル・フエゴ国立公園にはアラスカから始まるパンアメリカン・ハイウェイの終点がある。「アラスカまで一七八四七キロ」と書かれた看板が立てられ、ここを最後に道路が途絶えていた。私にとっては南米大陸縦断の始点でもある。観光客の姿はなく森閑としている。そんな静けさの中、感情が昂ることはなく、淡々としていた。「いよいよ五大陸目だ」と少しばかりの感慨に浸るが、いつも通りだ。これまでもスタート地点に定めた上海、アトランティックシティ、メルボルン、アレクサンドリアでは誰かに見送られることもなく、ひとり静かに歩き始めてきた。

旅の無事を祈念して木製の看板に手を添えた後、「よし、行くか」と小さく気合を入れ、最初の一歩を踏み出した。冬の余韻を残す景色がゆっくりと流れていき、パタゴニアの大地に足跡を刻んでいく。五大陸目の南米大陸踏破へ向け、最後の旅が始まった。

2. トルウィンのパン屋さん［アルゼンチン］

ウシュアイアを離れると、先日までの温暖な気候が嘘のように冷たい風が吹きつけ、時折吹雪に見舞われた。道脇にはどっさりと雪が残り、春の気配はない。時折現れる湖は、頂を白く染めた山々をまるで鏡のように湖面に映し出している。あまりの美しさに息を呑んだ。そんな道を歩いていると、自転車が颯爽と追い抜いていった。

十ヵ月半を過ごしたアフリカ大陸で出会ったサイクリストはわずか六人だったが、ウシュアイアを出発してからの二日間で、すでに七人ものサイクリストを目にしていた。「オラ」と声をかけられたので、後ろを振り返ると自転車に乗った男性の姿があった。やれやれ、これで八人目だ。黄緑色の防寒着に身を包んだ八人目のサイクリストと握手をし、簡単な自己紹介を交わす。ジュリアンと名乗るフランス人青年は私と同じく、ここから数キロ先のトルウィンという村が今日の目的地とのことだ。「パン屋へ行くの？」と訊いてみると、「そうだよ」と彼は頷いた。「ハハハ、君もか」と私は笑みをこぼす。「ではパン屋で会おう」ペダルを漕ぎ始めたジュリアンの姿は彼方に見えるトルウィンへ向け、あっという間に小さくなっていった。

ウシュアイアの北一〇〇キロのところに位置するトルウィンはガイドブックに載っておらず、観光名所があるわけでもない。普通の旅行者が立ち寄ることのない小さな村である。しかし、ここにはパタゴニアを旅するサイクリストに有名なパン屋がある。長年善意で寝床を供給し続ける「ラ・ウニオン」だ。

パタゴニアには「カサ・デ・シクリスタ」と呼ばれる場所が点在する。スペイン語で

「カサ」は「家」、「シクリスタ」は「自転車乗り」を意味する。直訳すれば「自転車乗りの家」だ。自転車乗りを泊めてくれたり、敷地内にテントを張らせてくれるらしい。オーナー自身が自転車をこよなく愛するサイクリストだったり、多国籍な旅人との出会いを求める人だったり、さまざまな形態のカサ・デ・シクリスタがあるようだ。

トルウィンに着き、さっそくラ・ウニオンへ向かった。パン屋なのだから当然だが、現れた建物はどこをどう見てもパン屋の外観で、宿泊施設のような雰囲気は微塵も感じられなかった。

「本当にここに泊ることはできるのだろうか……」

そんな不安が頭をよぎったが、意を決して店内に足を踏み入れる。ドアを開けた瞬間、ギギギギと軋んだ音が響いた。皆がこちらを振り向き、ギロリと無遠慮な視線が向けられる。村人たちの社交場にもなっているようで、思いのほか、お客さんは多かった。

皆がパンを求めてここに来ているのに、「泊めてくれ」だなんて突拍子のない話である。自分の存在がひどく場違いなものに思えた。「本当に大丈夫なのか……」と改めて思いつつ、レジの若い女性におそるおそる声をかける。

「あのー。私は歩いてパタゴニアを旅している日本人です。ここに泊まることができるって聞いたんですが……」

スペイン語はまだ身についていないが、身振り手振りを交えて話すと、「ちょっと待ってね」とレジの女性は微笑み、奥にいる短髪でがっちりとした体軀の男性に声をかけてくれた。こちらを一瞥した男性は作業の手を止め、「こっちへ来い」と手招きした。

案内された先は大量の小麦粉が天井近くまで積まれた倉庫で、先着していた三台の自転車がそこに置かれていた。先程出会ったジュリアンの他にフランス人カップルが滞在していた。

案内してくれた男性はパン屋の息子と思いきや、「アイ・アム・サイクリスト」と英語で自己紹介した。彼もまたドイツ人の自転車乗りらしく、旅を中断し、七ヵ月もここで働いているらしい。

「スペイン語は話せるの？」

「ここに来るまでまったく話せなかったけど、今では他の従業員と意思疎通できるまでに上達したよ」と彼は笑った。人間やればできるものだと感心する。

サイクリストに提供されている部屋にはシングルベッドと二段ベッドが一つずつ置かれている。壁は世界各国のサイクリストが書き残したメッセージやイラストで埋め尽くされ、数年前に泊まった友人の書き込みもあった。スペイン語に英語、フランス語、ドイツ語、漢字やハングルなど、実に多国籍である。

荷物の整理をしていると、「コインを持っていない？」とパン屋で働いている女性に声をかけられた。「ん？」突然のことに事情を呑み込めない私に、「これは縁起の良いコインなのよね」と彼女は紐を通して首にかけた日本の五円玉を見せてくれた。世界中からサイクリストがやって来る場所なだけあり、世界各国のコインを収集しているらしい。「日本を出てきたばかりだから、日本のコインしかないけど」私が手渡した数枚のコインが彼女のコレクションに加わった。

夜になり、ジュリアンに加え、デジとその彼女という三人のフランス人サイクリストとこれからの旅について語り合った。旅する理由や目的地はそれぞれだが、私たちの心は大きな希望で満たされていた。南米大陸最南端から始まった私たちの旅は決して同じ軌跡を描くことなく、各々の旅路を進んでいくのだ。

パタゴニアを歩き始めてまだ二日であるが、すれ違う車に手をあげて挨拶を交わすことが日課となった。食料や飲料を気遣い、差し入れを渡してくれる人もいる。長い無人地帯が続く過酷な環境だからこそ、人とつながっていたいと思うし、その優しさがなおさらに心に沁みる。この地で暮らす人たちも、それが分かっているから、手を差し伸べてくれるのだろうか。ラ・ウニオンはパタゴニアを人力で旅する者にとってオアシスのような場所だった。

パン屋の朝が早いのは万国共通だ。ふわりと漂うバターの芳醇な香りで目を覚ました。最高の目覚まし時計である。焼き立ての美味しいデニッシュで腹を満たし、「さあ今日も頑張ろう」

ラ・ウニオンで出会った3人のフランス人サイクリスト

と歩き始める。白い息を吐き出すと、風がそれを散らした。ひんやりとした空気が張り詰めた朝だったが、心は陽だまりのようにぽかぽかと暖かかった。

3. フエゴ島［アルゼンチン・チリ］

「シー・ユー・オン・ザ・ロード（路上で会いましょう）」

三人のサイクリストより機動力が劣るので、一足先にトルウィンを出発した。三時間歩いたところでジュリアンがやって来た。彼はこれからメキシコまで北上するという。握手を交わし、「グッドラック」と声をかけて、彼の背中を見送った。

残りの二人もすぐに来るだろうと思いきや、デジと彼女がやって来たのは、出発から七時間半後のことだった。自転車に問題を抱えており、トラブルが起こるたびに足止めを食らい、その都度メンテナンスをして走っているらしい。そのためウシュアイアからトルウィンへの一〇〇キロも徒歩の私と同じく二日間もかかっていた。

各地でトレッキングを楽しみ、時には働きながら、コロンビアまで二年かけてゆっくりと北上する予定だという。「またどこかで会おう」と握手をして走り出した。次第に小さくなっていく二つの背中はパタゴニアの荒野に溶けていき、やがて見えなくなった。

旅空の下でサイクリストと出会う瞬間が好きだ。お互い人力で旅しているからか、親近感が芽生え、同志のような存在に思えるのだ。私のスピードが遅いため、彼らの背中を見送ることが常だが、例え一瞬の出会いであっても別れる時は妙な寂しさを覚えてしまう。雄大な大地の中に消えていく小さな背中は儚さと孤独を感じさせてくれ、自分の姿と重なるからかもしれない。

「良い旅を」と呟き、しばし感傷的な気分に陥ったが、一時間後、平原に佇む二人の姿があった。「大丈夫？　何か自転車にトラブルがあったの？」と訊くと、デジは親指を立てて、「問題ないよ」とアピールした。よく見ると、湯を沸かしてティータイムを楽しんでいるようだった。「一緒にどうだい？」とお茶の誘いを受けたが、日没は近い。野営地を探さないといけないので先を急ぐことにした。

その後しばらく歩き、今宵の寝床を見つけたタイミングで彼らもやって来た。道路から近いものの、死角となっているので悪くない場所だ。

「今日はここにテントを張ろうと思うんだ」
「僕たちも同じところにテントを張るよ」彼女と相談した後、デジは言った。
「またどこかで会おう」とお別れしたばかりなのに、一緒にテントを張ることになるとは……。思わず苦笑いしたが、私たちは毎日の行き先も寝る場所も決まっていない。予定に縛られることなどなく、一瞬一瞬自分で判断する。何をするのも自由なのだ。そんな奔放さが心地よい。

翌朝、テントには霜が張り付き、体の芯まで凍らす寒さに身震いした。外気に晒した指先はかじかみ、ペットボトルの水も凍っている。たまらず手袋を装着した。ウシュアイアを出た日は吹雪だったが、最初の峠を越えた後は雪を見ることもなくなった。しかし、朝の気温は〇度前後と寝袋を出るのをためらう寒さだ。

この日はリオ・グランデという街まで六〇キロ超を歩くつもりだったので早めに出発する。一時間に進める距離はわずか五キロ、十二時間の長丁場になるはずだ。デジたちはまだ眠ったままで、「ではお先に」と心の中で声をかけ、歩き始めた。

午前中のうちに追いつかれるだろうと思っていたが、彼らはやって来なかった。いつものようにゆっくりとしているのだろう。午後には追いつかれるだろうと思ったが、彼らはやって来なかった。どこかでティータイムを楽しんでいるのだろう。さすがに夕方には追いつかれるだろうと思ったが、彼らはやって来なかった。「一体何をしているのだろうか」と思っているうちにリオ・グランデに到着した。

ウシュアイアと違い、見どころが乏しいリオ・グランデを訪れる旅行者はあまりいない。どの程度の街だろうと思っていたら、意外にもウシュアイアよりも大きな街で戸惑ってしまう。

何のあてもなく、下調べすらしていなかった。ホテルが現れるたびに「一泊いくらですか？」と尋ねるが、どこも高くて話にならない。宿探しが難航するものと思われたが、歩き続けていると「宿を探しているのかい？」と男性に声をかけられた。

「そうなんです。この辺りに安い宿はありますか？」

「ここはどうだい？」と彼は向かいの建物を指差した。そこにはホステルアルゼンティーノという宿があり、彼がオーナーらしい。絶好のタイミングでホステルに辿り着いたようだ。スペイン語の会話帳を駆使し、「バラート（安い）？」と訊けば、個室で一泊二五〇ペソ（約二千円）。朝食付きだし、悪くない料金である。

「連泊すると安くなりますか？」というフレーズが会話帳にあったので、たどたどしいスペイン語で尋ねると、二〇〇ペソに値引きしてくれた。ここで一日足を休めることになったが、デジたちとは、またどこかで会えそうな気がしていた。


リオ・グランデを発って二日目の朝、サン・セバスチャン国境の手前で車が停まり、恰幅のよいおじさんが声をかけてきた。「寒いだろ」と魔法瓶から熱いコーヒーを淹れ、カップを渡してくれた。陶器の名品を扱うように、両手でやさしくカップを持ち、指先を温める。カップから立ち上る湯気と吐息が白い靄となり、おじさんの顔を隠した。そっと口に運ぶと、熱が食道を伝い落ち、体がポカポカと温かくなっていくのを感じる。寒空の下で飲むコーヒーは最高だ。

「どこへ向かっているんだい？」

「歩いてエクアドルを目指しています」

その返答に「なぜコロンビアを目指さないのだね？」とおじさんは不思議そうな顔をし

た。

「私たちはコロンビアから来たんだよ」

「この車で？」「もちろん」

「何日かかりました？」という問いに「二七日」と答えた。いくつもの国境を越え、広大な南米大陸を自家用車で巡るなんて島国で生まれ育った私からしたら、スケールの大きな旅に思えてしまう。

コロンビアはエクアドルの北、南米大陸の北端に位置する国である。本来なら、これまで大陸の端から端を踏破してきた私が目指すべき国に違いない。しかしおじさんには申し訳ないが、コロンビアと聞いて真っ先に思い浮かぶのはゲリラと麻薬だった。サッカーのワールドカップでオウンゴールを献上した選手が射殺され、日本人が誘拐、殺害されたりと、南米の中でも特にコロンビアに関する報道はネガティブなものばかりで、私は不安を抱いていた。

近年治安が良くなったという話は聞く。しかし観光客が訪れる場所が安全だとしても、私は機動力が最も劣る徒歩の旅なのである。全土を問題なく歩けるまでに治安が改善しているかは不確かだった。

できるかどうか分からないことを軽々と口にしたくはない。そのためエクアドルの首都キトにある赤道記念碑を南米大陸の目的地に定めていた。


その後、サン・セバスチャンに到着した。ある程度大きな町だと思っていたが、辺りを見回しても町らしきものはない。古ぼけた小さなガソリンスタンドが一軒あるだけの寂れた国境だ。ここで食料を買い揃えるつもりだったので大誤算である。

九州より少し大きな面積を持つフエゴ島はアルゼンチンとチリに分割されており、それぞれのイミグレーションで出入国の手続きが必要だ。

「南米で英語は通じない」というのは世界を旅する人の間で有名な話である。そんな通説通り、これまで出会ったアルゼンチン人は英語を話さなかった。さすがにイミグレーションの職員は大丈夫だろうと思っていたが、やはり彼らもまったく英語を話さない。世界中どんな場所でも英語が通用して当たり前という横柄な考え方は好きではない。こちらが現地語を学ぶべきだと十分に承知しているが、国境という場所で出入国手続きの際に共通言語がないのは非常に困る。

「&%#$@?」気難しそうな顔をした職員は難解かつ早口のスペイン語で何やら尋ねてきた。しかし私はハニワのようにポカンと口を開けているだけで、さっぱり理解できない。どうしようもないので適当に「シー（はい）」と頷いていたら、「すべての荷物を見せろ」とジェスチャーで指示された。荷物を一つ一つ出していく私の動きを鋭い眼光で睨んでいる。バックパックの目立たない小さなポケットまでも、じっくりと確認していく徹底ぶりだ。

「麻薬を持っているか？」という質問に、うっかり「シー」と答えてしまったのだろうか。

職員は表情を緩めることなく終始厳しい表情をしていたが、容疑が晴れ、「行け」と解放された後はすぐにチリを目指した。チリの国境施設は一三キロも離れていた。

チリは近隣諸国で発生する農作物の害虫被害や家畜の病気を未然に防ぐため、生野菜や果物、生肉の持ち込みを禁止している。見つかれば没収され、罰金が科せられることもあるという。麻薬や銃器並みに取り締まりが厳しいと聞いていたが、検疫では食料が入った袋を見せ、「野菜や果物は一切持っていません」と自己申告しただけで面倒な検査などなく通過できた。アルゼンチンよりずっと簡単だ。

チリ側も閑散としており、レストランと商店があるだけだ。小さな商店でミネラルウォーターを購入し、二リットルのボトルに飲料水を分けてもらう。この寂れた国境に銀行はなく、両替商の姿もないが、アルゼンチンペソをチリペソに換算して買い物することができた。

この先、大陸本土への船が出航するポルベニールという町まで一四〇キロの間に商店や集落など、補給地点はなく、限られた水と食料でやっていくしかない。

翌日は歩行開始から四〇キロ、八時間以上も正面から冷たい風が吹き続けた。常時強風が吹きつける場所らしく、フラッグツリーを何度か目にした。フラッグツリーはまさにその名の通り、長年強風を受け続けた木が風になびく旗のように傾いている。時間が止まり、風に煽られた瞬間の静止画を見ているかのようだ。

大平原に佇むフラッグツリーは寒々とした世界の果てを思わせる。そんな荒涼とした景色には、青空よりもどんよりと重苦しい灰色の空がよく似合う。

無数の羊が放牧されている荒野の中にグアナコが姿を現した。グアナコはアンデス原産の動物で二重の厚い毛をまとっている。ラクダ科なだけあって顔立ちはラクダに似ているが、シカのようにすらりとした四肢を持つ。羊が農場の柵の中でしか行動できないのに対し、グアナコは優雅に柵を飛び越え、縦横無尽に走り回っていた。

やがて海沿いの道に出た。勾配がきつく、下り坂は小走りで駆け、上りでは一歩ずつ、踏みしめるようにゆっくりと進んでいく。潮の香りが風に乗って漂い、海辺に停泊する小舟がいくつも見える。

延々とアップダウンが続き、その先に現れたのが人口七千人のポルベニールだった。町影が遠くに見えた時は安堵と同時に、「やっと着いたか」と嬉しく思った。

ここで四六〇キロに及んだフエゴ島の歩行が終わる。一仕事終えた気分だが、まだ南米大陸本土に足を踏み入れてすらいないのである。フエゴ島は序章に過ぎない。大陸本土から本当の旅が始まる気がして、一刻も早く向かいたいという衝動に駆られた。

大陸本土へ渡るには船を使うしかない。しかし、海に面した町に着き、周囲を見回すも港のようなものは見当たらなかった。はるか遠くに大きな船が停泊しているのが見えるが、まさかあそこではないよな……。

「プンタ・アレナスへの船はどこですか」

覚えたてのスペイン語で訊いてみると、若い男性はやはりその大きな船を指差した。「出航は一四時だ」と言う。「その次の船は夜？」と訊けば、「ノー」と彼は首を横に振った。それを逃せば次の船は明日になるらしい。腕時計に目をやると、あと二時間しかないではないか。ここから一〇キロくらいありそうに見えるが、果たして間に合うのだろうか……。

ポルベニールはクロアチアからの移民が多いらしい。赤白チェックのクロアチア国旗があちこちで目につき、路地には「クロアチア通り」なんてものまである。クロアチアはアドリア海に面した国だが、移民たちは故郷と同じ海に面した場所を定住の地として求め、ここに行き着いたのだろうかと思いを馳せる。

小さな港町といった風情で雰囲気の良い町だが、のんびりしている暇などなかった。早足で歩き、時には走り、慌ただしく大陸本土行きの船に乗り込んだ。

4. パイネの絶景［チリ］

約二時間の船旅を終え、大陸本土に上陸した私はマゼラン海峡に面したチリ南端のプンタ・アレナスへ向かった。港から五キロ離れたところにプンタ・アレナスの街がある。

人口約十三万人のプンタ・アレナスは人口十万人以上を有する都市としては世界最南端らしい。「世界最南端の都市」を自ら名乗っているが、さらに南に位置するウシュアイアが「世界最南端の都市」として一般的には認識されている。さらにウシュアイアの南、ビーグル水道の対岸に位置するナバリノ島にはプエルト・ウィリアムズという人口二千人の町があり、こちらは「世界最南端の町」と言われている。この辺りには「世界最南端」を名乗る場所がやたらと多いようだ。

街の中心のアルマス広場にはマゼラン像がある。大砲に足をかけ、勝ち誇ったかのようなマゼランの足元にはアラカルフ族の像があり、その足を触ると無事に航海を終えることができるという言い伝えがあるようだ。何千、何万もの観光客に撫で回された足は艶がかり光沢を放っていた。そして私もこの足を触り、「無事に南米大陸縦断できますように」

と安全祈願をする。

翌朝、窓がガタガタと小刻みに震えていた。外の様子を窺うと、街路樹は大きく揺さぶられ、ゴミや砂塵が吹き飛ばされている。恐る恐る扉を開け、外へ一歩出てみると、荒々しい横殴りの風が襲いかかってきた。これが噂に聞くパタゴニアの強風か。パタゴニアは世界有数の強風地帯で「嵐の大地」とも呼ばれている。強風というより暴風である。風を遮る建物が多い街ですらこれだけの強さなのに、街を抜けたらどうなるのだろう……。

不安は的中し、街を抜けた途端、暴風は爆風へと進化を遂げ、唸り声をあげながら暴力的な風が吹きつけてきた。

少しでも気を抜けば、体ごと吹き飛ばされてしまう。風の抵抗を抑えるため、顔を下げて身を屈め、一歩一歩、大地をしっかりと踏みしめるように進む。常時正面から風が襲いかかるので鼻と口が塞がれてしまい、息苦しい。

「グアアアアア。ふざけんな、早く止めよ。クソッタレ」

パタゴニアの洗礼に苛立った私は腹の底から叫び、罵詈雑言浴びせるが、風が弱まることはなく、無力な私を嘲笑うかのように勢いを増した。

　南米大陸を訪れる前、アフリカ大陸の旅を終えた私は二ヵ月間の一時帰国をし、富士山八合目にある山小屋で仕事をした。風を遮るものがない三四〇〇メートル地点である。台風が近付いた時は風速三〇メートルの暴風を経験したが、それに匹敵する強さだ。

　唾を吐けば、風に乗って一〇メートル以上も飛んでいった。荷台に積んでいたパンは一瞬にして遠くへ飛ばされた。「あぁ貴重な食料が……」と思っている間にどんどんと遠ざかっていき、追いかけようか迷っているうちに見えなくなった。総重量七〇キロのリヤカーもしっかりと押さえていないと、風の力でずるずると後退していく。

　道路は同じ方向へひたすら一直線に伸びているわけではない。進行方向が変わるたびに横風、向い風、追い風と風向きが変わっていく。横風に煽られると、風の勢いでじりじりと路肩の端へと追いやられる。重量級の力士に押され、土俵際に追い込まれるかのように強烈な圧力だ。風に煽られては軌道修正するということを何度も繰り返す。

　歩くのはもちろん大変だが、このような強風下で最も気を付けるべきはトイレである。風向きを確認しないと飛沫が自分に襲いかかり、悲惨なことになってしまう。風下に道路がある時は非常に困る。ある程度の距離があったとしても、車が通る方向に陰部を堂々と晒せば、露出狂と思われかねない。

アフリカ大陸縦断中に訪れたイスラム圏の国ではワンピースのような筒状の民族衣装を着ていることもあり、男性がしゃがんで小便をする姿をよく目にした。パタゴニアでは地面にしゃがむというのが最も効果的な排尿方法だろう。

追い風になれば、強風を背中に受けて小走りで進んでいく。リヤカーには歩行距離を計測するため、自転車用のサイクルコンピューターを取り付けてある。距離だけでなく速度も計測できる優れものだ。平坦な道ならば、基本的に時速五キロ、急な下り坂を駆けた時は時速一三キロ程度になるが、歩行終了後にサイクルコンピューターを確認すると、この日の最高時速は一三キロ。強い追い風に押され、下り坂を駆けるのと同じスピードが出ていた。おかしな話ではあるが、横風や向い風の時は風に負けないよう、必死に集中して歩くため、無風時よりも快調なペースだった。

しかし夕方になっても絶えず強風が吹きつけ、テントを張れる状況ではない。「今夜はどこで寝ればいいいんだ……」と不安を感じ始めた時、小さなガソリンスタンドが現れた。

事務所の窓は、ここを訪れたライダーが貼った無数のステッカーで埋め尽くされている。

事務所のドアを叩くと、ガソリンスタンドの主人が応対してくれた。「風が強いので建物の陰にテントを張らせてもらえませんか？」とお願いすると、主人は敷地内にあるプレハブ小屋へ案内し、「ここで寝たらいいよ」と寝床を提供してくれた。このような環境下で屋根、壁に守られた場所で眠れるなんて。言いようのない安らぎを覚え、強風を受け続けて疲弊した体を優しく包み込んでくれる。

一夜明け、歩き始めると有刺鉄線により立ち入りが禁止され、スペイン語と英語で「地雷注意」と書かれた一帯を通過した。平和なパタゴニアに不釣り合いな景色だと思っていたら、軍の車が停車し、コーラとサンドウィッチを手渡してくれた。相変わらずの強風だが、荒野にポツンと建つ青屋根の小さなバスの停留所でサンドウィッチを口にする。それにしても見渡す限り人家などないこの場所で誰がバスに乗るというのだろうか。

夕暮れ時には無人の小屋が現れた。周辺に民家はなく、鍵はかかっていない。ガランとして生活感のないこの小屋は避難小屋だろう。強風吹き荒れるパタゴニアにはこのような小屋が点在し、人力で旅する者にとって良き寝床になっている。食事をとり、暗くなるまで読書をした後、寝袋に入り、目を閉じた。

アフリカを歩いていた時は「人」と「動物」に恐怖を覚え、安全な寝床を確保できるか不安を感じる毎日だったが、パタゴニアで最大の不安は「風」なのである。

強風が吹き荒れる中、テントを張るのは難しいし、夜間に風が強まれば、テントが破損するかもしれない。そんな状況で雨が降れば、低体温症になり、最悪死に至る危険性もある。強風下でテントを設営するにしても、何らかの障害物を風よけにする必要があるだろう。過信しないという意味で、早いうちにパタゴニアの暴風を経験できたのは良かった。


プエルト・ナタレスが目前に迫った翌日、前方に停車しているバスと人影が見えた。道路の真ん中に立つ人影は手を挙げて、通過する車を止めているようだった。バスの故障だろうか。もしかしたら時間の余裕がない乗客がヒッチハイクをしているのかもしれない。

さらにバスが近付いたタイミングで数人が路上に出てきた。それぞれ顔にピエロのようなペインティングを施している。ペインティングで素顔を隠した新手の強盗だろうかと戦慄を覚えた。

世界で最も遅い時速五キロの旅である。狙おうと思えば容易なはずで、先回りされたり、寝込みを襲われたり、計画当初より最大の懸念は強盗だった。しかし悪人たちも獲物はしっかりと見極めるようで、見るからにリターンが少なそうなリヤカー野郎は避けるらしい。長い徒歩の旅で強盗被害に遭ったのは南アフリカでの一度だけだ。ナイフを突きつける強盗の血走った目、パスポートを奪われた時の絶望感、何よりトラウマを植え付けられた強烈な恐怖心。あの時の嫌な記憶が蘇る。不安が増長し、動悸が高まっていく。周囲を見回しても人家はなく、誰もいない。このような場所で強盗に襲われたら、どうすることもできず、お手上げだ。

先述した通りパタゴニアの強風も怖いが、やはり気を付けるべきは「人」なのである。チリは南米大陸で治安が良い国の一つだ。その中でもパタゴニアは最も安全な地域でヒッチハイクで旅する人がいるくらいなのだ。

「チリって安全な国じゃなかったのか……」と思いつつ、最大限の警戒心を保ちながら、近付いてきたピエロに「オラ」と挨拶する。ニヤリと不敵な笑みを浮かべたピエロは「オラ」と握手の手を差し出し、ハグをしてきた。抱きつかれている隙に財布を盗られないよ

う ポケットにも神経を注ぎ、細心の注意を払う。

しかし実際のところ、彼らは友好的だった。車がやって来るたびに停車するよう求めてサーカスの宣伝をしているように見えたが、募金箱を手にし、お金を集めながら歩いていた。話を聞けば、プエルト・ナタレスからプンタ・アレナスまでの二五〇キロを歩くチャリティーウォークらしい。

「もしよかったら飯でも食っていけよ」

彼らは身振り手振りを交えて説明し、バスを指差した。バスが並走し、車内で寝泊まりしているらしい。食事は大丈夫だが、水を補給させてもらいたかった。バスへ向かい、「水を分けてもらえませんか」と声をかけると、ロドリゴと名乗る髭を蓄えた男が顔を出し、同じように「飯を食っていけよ」と誘ってくれた。見た目は普通のバスだが、快適に過ごせるように改造され、キッチンやベッドが備えられている。立派なダイニングテーブルもあり、あれよあれよという間に食事が用意された。チキンにソーセージ、サラダにパン。インスタントラーメンの予定だった夕食が一転して豪華になった。デザートにフルーツ、食後のコーヒーまで、至れり尽せりのフルコースだ。

南米といえばサッカーが人気であり、サッカーの話題を出せば老若男女誰とでも一瞬で打ち解けられる。ロドリゴと南米サッカーについて熱く語り合った後、彼は、「日本語で俺の名前を書いてくれ」と言った。それに応じ、紙に「呂土理五」と書くと、子供のようにはしゃぎ、喜んでくれた。

そしてプンタ・アレナスから五日目、私はプエルト・ナタレスに辿り着いた。

険しい山々に湖、氷河が生み出す風光明媚な景色を求め、チリの首都サンティアゴから三〇〇〇キロ南に位置するトーレス・デル・パイネ国立公園を訪れる観光客は年間十万人を超えるという。

一〇〇キロ離れたプエルト・ナタレスは人口二万人足らずの小さな町だが、同国立公園を訪れる際の拠点となっている。キャンプ道具を貸し出す店が軒を連ね、世界各地からやって来た多くのトレッカーでにぎわっている。

私も国立公園を目指すべく、老夫婦が経営する宿に滞在し、準備を整える。道中食料を補給できる場所はなく、スーパーで一週間分の食料を買い込んだ。一二〇リットルのバックパックは食料とキャンプ道具ではちきれんばかりに膨らみ、ずっしりとした重さが肩に食い込んだ。「なんなんだ、この重さは……」。予想外の重さに顔面蒼白になったが、一・五リットルのワインも忍ばせた。絶景を眺めながら飲むワインは絶対に美味いはずなのだ。宿にリヤカーを残し、一週間のトレッキングへ出かけた。

国立公園にはキャンプ場がいくつかあり、トレッカーは必ずキャンプ場に泊まらないといけない。火気の使用もキャンプ場のみに制限され、違反者には罰金が科せられる。ここまで徹底しているのは数年前にトレッカーの火の不始末により、一万五〇〇〇ヘクタールが消失する大規模な山火事が発生したからだ。それがどれだけの大きさなのか想像するのは難しいが、東京ドームで例えるならば三二〇〇個分と同等の面積である。真っ黒に焦げた山火事現場は死の森と化しており、沈痛な思いで通過した。ところどころに小さな苗木が植えられているが、元通りになるのにどれだけの年月がかかるのだろう。

二日目、予定通り一日の行程を終え、イタリアーノというキャンプ場に辿り着いた。無料でテントを張れるが水道設備はなく、近くを流れる川で水を汲む。鍋に水を入れ、ストーブに火を点けると青い炎が轟音と共に勢いよく立ち上った。私が使うストーブは火力を上げると燃焼音も大きくなり、とにかくうるさい。大半のトレッカーは町でレンタルしたガスストーブを持っていたが、徒歩や自転車で旅する人の大部分はガソリンを燃料とするストーブを使っている。ガソリンはガスカートリッジよりも割安だし、ガソリンスタンドで容易に入手できる。旅のお供として最適なのだ。

湯が沸いた頃、別の場所でゴウゴウと轟音が響き始めた。音のする方に目をやると、私と同じストーブを使う年配夫婦の姿があった。同じにおいがするなと思った。「私も同じストーブを使っているんですよ」と話しかけてみると、「このストーブはもう十年以上も愛用しているんだよ」と彼らは目尻に皺を寄せて微笑んだ。長年使い込まれた彼らのストーブは確かに年季が入っている。

このニュージーランド人の夫婦はやはり自転車で南米大陸を旅していて、「ペルーからウシュアイアを目指しているんだ」とパスタを茹でながら自己紹介してくれた。

南米大陸の旅において最も楽しみにしていた場所の一つが、このトーレス・デル・パイネ国立公園である。ここの象徴とも言えるのが、国立公園の名前にもなっているトーレス・デル・パイネだ。一〇〇〇ペソ紙幣にも描かれており、日本人にとっての富士山のようにチリ人にとって心象風景なのかもしれない。

「トーレス」はスペイン語で「塔」を意味する。その名の通り、青空を突き刺すように三つの塔が聳え立っている。最も高いアゴスティン峰は二八五〇メートル。トーレスの真下ではエメラルドグリーンの湖が輝き、何人たりとも寄せ付けない孤高の雰囲気を放つトーレスにアクセントをつけている。

空を見上げると、氷河を抱いた山が続々と現れ、そこから流れる水が湖へと注ぐ。雪解け水で喉を潤しながら、トレッキングルートを歩いた。

しかし、過度の期待を抱いていたのだろうか。いくつかある見どころは思っていたほどの景色ではなかった。晴天に恵まれたのは最初の二日間だけだったから尚更そう感じたのかもしれない。登山やトレッキングの満足度は天気に大きく左右されるものである。パタゴニアの自然が期待に応えてくれなかった事実がショックだった。

「パタゴニアはこの程度なのか……」もやもやしながら、消化不良のような心持ちでパイネを去ることになった。

バックパックを背負って山中を歩くより、遠目に山を見ながら、リヤカーを引いて歩く方が私には合っているのだろう。そんなことを思いながら、町へ戻るバスに乗り込んだ。憮然とした表情で景色を眺めていたら、しばらく走ったところで圧倒的な存在感を放ち、屹立するパイネ山群が姿を現した。

「えっ……、何これ。すげえ……」

トレッキングで満たされることのなかった心が一瞬にして奪われ、思わず息を呑んだ。こんな景色があるなんて予想外のことだった。

左に見えるパイネ・グランデは山頂付近に氷河を抱き、右に聳えるクエルノス・デル・パイネの山肌はグレーと黒が重なったツートンカ

心を奪われたトーレス・デル・パイネ国立公園の絶景

ラーの尖山だ。前者からはすべてを包み込む母性、後者は雄々しさを感じる。山に近いところなら、岩綾がせまる迫力ある景色を見ることができるが、ある程度距離を置いたところから眺めるパイネ山群はまったく別の表情を見せてくれた。そして、これこそ自分好みの山の楽しみ方だった。

下車したいと思うが、バスはスピードを落とすことなく走り続けている。「また次の機会に」と自分を納得させるように呟いたが、本当に「次の機会」はあるのだろうか。ここでバスを降りなかったら、絶対に後悔するはずだ。悩んだ末に「ここで下ります」とバスを止めてもらい、途中下車することを選んだ。

絶景を楽しみながら一時間半歩いたところにキャンプ場が現れた。しかしトレッキングルートから大きく離れた場所にあるからか、トレッカーは皆無、ツアー客がわずかにいるだけで閑散としている。「ここからの景色を見ないのはもったいないのに」と思っていたら、一組の客がやって来て声をかけられた。「やあ、また会ったね」なんと三日前に出会ったニュージーランド人の夫婦である。

「あまりにも景色が良かったので、バスを途中下車しました」

「私たちもここへ来る予定はなかったけど、絶景だったからつい来てしまったの」と彼ら。

「私たちみたいに人力で旅する者は美味しいものと美しい景色には貪欲なのよね」という言葉に「なるほど。確かにそうかもしれませんね」と私は頷く。

「景色がいいからお勧めだよ」とキャンプ場の人に教えられた丘に登ると、見上げていた山群が目の高さと同じになった。絶えず強風が吹きつけ、雲は伸縮を繰り返し、刻一刻と形を変えながらどんどんと流されていく。寒風に耐えながら、雄大な山々を一心不乱に眺め続けた。


予定外の延泊から一夜明けた。プエルト・ナタレスへ戻るため、バス乗り場へ向かっていたら、後方からやって来たサイクリストにじろじろと見られているのに気付いた。「じろじろ見やがって、一体なんなんだ」と男の顔を凝視した瞬間、「ああーっ」と二人同時に絶叫した。サイクリストはトルウィンで会ったデジだった。絶対に自分より先に進んでいるものと思っていたのに、まさか後ろにいたとは……。

「あれからどんなルートを走ってきたの？」フエゴ島で一緒にテントを張った翌日のことを訊くと、「サン・セバスチャンとは異なる国境へ行ったんだけど、外国人の越境は禁止されていて追い返されたよ」とデジは苦笑いを浮かべた。

「またどこかで会おう」再会を約束して握手をした後、彼らは悠然と聳えるパイネ山群へ向けて走り出した。予定外の延泊は美しい景色を堪能させてくれただけでなく、ニュージーランド人夫婦やデジとの再会を運んでくれた。

乗り込んだバスの窓からデジたちの姿が見えた。バスが彼らの横を通り過ぎる時、砂煙が舞い上がり、煙幕のように大気を覆った。砂塵にまみれ、悲惨な状況に違いないが、そんなことよりもこの絶景の中を自転車で走る彼らが羨ましかった。パイネ国立公園といえばトレッキングをすることしか頭になく、リヤカーを引いて訪れるなど微塵も考えていなかったのだ。

バスでパイネ国立公園を去った三日後、私は再びここを訪れていた。もちろんリヤカーを引いてトレイルを歩くことはできない。歩けるのは約五〇キロの車道だけである。遠回りになるが、どうしても相棒と一緒にパイネを歩きたかった。

天候にも恵まれ、最高の歩行日和となった。横に目をやるとターコイズブルーの湖が水をたたえ、正面ではパイネ山群が威容を誇っている。この世のものとは思えない絶景に何度も溜息を漏らし、改めて思うのだ。「歩いて来て良かったな」と。

前回と同じパイネ山群を見渡せるキャンプ場にテントを張り、翌日はトーレスの麓にあるキャンプ場に滞在した。シャワーを浴び、テントでゆっくり過ごしていると見覚えのある顔が目の前を通りかかった。デジである。こちらに気付くや否や、彼は満面の笑みを浮かべ、抱きついてきた。

パイネ国立公園で一ヵ月働くと聞いてはいたが、まさか再会できるとは思ってもいなかった。彼らが暮らしている宿舎にシャワーがないため、キャンプ場のシャワーを利用しているらしい。

「どうしてここにいるんだい?」と不思議そうな顔をする彼に私は説明する。

「デジたちが自転車でここを走っている姿を見て、俺もリヤカーと一緒に歩きたくなったんだよ」

その言葉に彼は笑った。そう、今回の再訪は彼らによって導かれたものなのだ。「またいつか、どこかで会おう。良い旅を」別れ際、またの再会を願いながら、握手を交わした。彼とこうして握手をするのは何度目だろう。

翌朝、私はパイネを去った。何度も後ろを振り返り、遠ざかっていくパイネ山群を目に焼き付ける。青空に映える美しいフォルムの山々を眺めながら、この景色と出会えて良かったと心から思った。

5. 生きた氷河 ［チリ・アルゼンチン］

世界地図を広げ、チリの国土を初めて見た時、「なんだこの国は」と思った人は少なくないだろう。チリは南北が四三〇〇キロなのに対し、東西の平均は一七〇キロと細長い国である。南端から北端まで貫く道はなく、南部ではアルゼンチンとの間を何度か行き来きしながら北上することになる。

パイネ国立公園を去った後、再びアルゼンチンに入ると、六〇キロにわたって未舗装区間が続いた。ここを走る車は一時間に一台ほどでとても静かだ。

未舗装区間を歩き抜き、アスファルトの幹線道路に戻ると、スムーズにタイヤが回転し始めた。デコボコの未舗装路と比べたら天と地の差がある。上質のシルクに包まれているかのように滑らかで気持ち良い。鼻歌を歌いながら気分良く歩いていたが、突然、グラグラとタイヤが揺れ始め、違和感を覚えた。

足を止め、リヤカーの車輪を外した瞬間、「はぁ、マジかよ……」と重い溜息を吐いた。車軸が真っ二つに折れているではないか。大量の荷物を積み込んだリヤカーを未舗装路で何度もガタガタと上下させたため、大きな負担がかかったらしい。

ぐるりと三六〇度見回すが、たくさんの羊こそいれど、人の姿はなく、パンパと呼ばれる草原地帯が果てしなく広がっているだけだった。さらに追い討ちをかけるかのように、雨が降り始める最悪な展開である。「ふざけやがって、このドアホ」と思わず毒づいた。なぜこのタイミングで降るんだ……。

車軸が折れたまま歩き続けるのは無理だろうと考え、ヒッチハイクを試みる。しかし、ただでさえ交通量が少ない上にリヤカーを含む大きな荷物を載せられる車は限られる。髭面のむさくるしい男を拾う神は現れない。その間も雨は容赦なく降り続け、濡れたシャツがひんやりと冷たかった。

ヒッチハイクを続行するか、この場にテントを張って雨から逃れるべきか、どうすることがベストなのだろう。そんなことを考えながら、試しに折れた車軸をつなぎ合わせてみた。車輪をリヤカーに装着してみて、「よっしゃ、いけるじゃないか！」と思わず叫んだ。グラグラと頼りなく揺れるものの、辛うじて歩けそうだった。

タイヤの摩耗は早くなるし、リヤカーにも負担がかかるだろう。この状態で歩くべきでないのは明らかだ。しかし、仮にヒッチハイクが成功したとしても、車輪を修理した後、車で移動した空白区間を歩くため、再びここに戻ってくるのは面倒である。ここから目指すエル・カラファテは八〇キロも離れているが、行けるところまで行ってみようと考えた。車輪が壊れたとしても、その時はその時だ。

結局、翌日の昼過ぎまで折れた車軸で五〇キロを歩き、分岐に到達した。途中、アラスカから走ってきたというドイツ人サイクリストと出会ったが、こんな状態で歩き続ける私に対し、呆れ顔で「クレイジー」と最高の褒め言葉をかけてくれた。

目標としていたのがこの分岐だった。これから先、今歩いているルート40を北上していくが、エル・カラファテは分岐から三〇キロ西のルート11上に位置する。つまり分岐で歩行を一時中断し、車でエル・カラファテへ移動、町で車輪を直した後、再びここに戻って北進すればいいのである。

交通量は多くないが、大きな荷台を持つピックアップトラックがたまに通るので、親指を立てて、それを狙う。しかし、数台のピックアップトラックがやって来たものの、止まる気配はまったくなかった。これなら歩いてエル・カラファテを目指した方が良いのではないかと思い始めた時だった。狙いをつけたピックアップトラックは素通りするも、その後ろを走っていたバスが止まってくれた。すぐさまバスへ駆け寄り、「車輪が壊れてしまったんだ。エル・カラファテまで乗せてくれないか?」と事情を説明すると、「乗れよ」と運転手は促した。

感謝を意味するスペイン語をすべて並べ、お礼を伝えたいところだが、語彙があまりに乏しく、「ムチャス・グラシアス（本当にありがとう）」と心を込めて伝える。乗客がいない車内に荷物を積み込むと、窓の外の景色はどんどんと流れていき、あっという間にエル・カラファテに到着した。さっそく自転車屋で車輪のハブを丈夫なものに交換し、歩行再開の目途が立った。

エル・カラファテは人口一万人にも満たない小さな町だが、町の規模と不釣り合いなくらいに旅行者が多く、あちこちで旅行代理店を見かける。この町自体に見どころはないが、どの旅行代理店もペリト・モレノ氷河のトレッキングツアーを取り扱っており、氷河観光の拠点となっている。

世界自然遺産に登録されているロス・グラシアレス国立公園には四八もの氷河があり、南極、グリーンランドに次ぐ世界第三の氷河地帯である。中でも有名な氷河が全長約三五キロに及ぶペリト・モレノ氷河だ。

正直なところ、観光にはあまり興味がない。わざわざバスに乗ってまで氷河観光へ向かうのは気が進まなかった。しかし世界有数の氷河がどんなものなのか見てみたいという好奇心もわずかながらあったので、「うーん」と迷いつつも行く決断を下した。氷河に着いてから帰りのバスの出発まで六時間もあるらしい。どうせ時間を余すだろうと思い、昼食のサンドウィッチと共に文庫本をバッグに詰め込んだ。

エル・カラファテを発ったバスは一時間でペリト・モレノ氷河に到着した。展望台を目指し、階段を下りていくと、とてつもなく巨大な氷河が姿を現した。透明感のあるライトブルーが一面覆い尽くし、どこまでも続いている。高さ六〇メートルというだけあって、展望台に立つ人影が豆粒のように見える。

背後には切り立った山々が聳え、幻想的な蒼さを持つ氷河とのコントラストは自然が織り成す芸術だ。氷河の先端部は絶壁になっていて、内部の蒼さが透けて見える。名峰の岩壁のように人を寄せ付けない神々しさと美しさを合わせ持ち、思わず吸い込まれてしまいそうな危うさを覚えた。

遊歩道が張り巡らされ、さまざまな角度から氷河を見ることができる。幅五キロにもなるという氷河を眺めながら歩いていたら、突如轟音が静寂を切り裂いた。雷鳴のように響く重低音、何かが爆発するかのような音にドキッとした心地があった。ほんの一瞬、金縛りにあったかのように体が硬直し、身動きをとれないまま立ち尽くした。氷河の崩落である。一発目にして私の想像を超える迫力だ。音の方向へ目を向けると、氷塊が落ちた湖面が激しく波打ち、波紋が広がっていた。

風の音以外存在しない世界に「パーン」と乾いた音が響く。氷河に亀裂が入る音だ。その直後、「ガガガガ、ドシャーン」という音を轟かせながら、数十メートルの氷壁が崩落する。氷片が宙を落ちて着水した瞬間、水柱が上がり、氷が砕け散る。この一連の動きがスローモーションのように流れた後は再び静寂に包まれる。そしてまたどこかで轟音が響く……。


「降雪してから氷河の先端まで移動するのに、どれだけの年月がかかったのだろう」

湖に沈んでいく氷塊を眺めながら、そんな疑問が湧いてきた。氷河は全長三五キロあり、動きが大きいところでは一日二メートル移動するというが、悠久の時間をかけて旅してきたのだ。ここで旅を終えた氷河は湖に溶けて水蒸気となり、雪へと姿を変える。そして再び氷河の一部になるはずだ。

崩落と成長を繰り返す氷河は「生きた氷河」といわれるが、その言葉の意味が分かった気がした。今この瞬間はもちろん、私が日本に帰った後も、死後も、未来永劫繰り返されていくサイクルなのだ。

結局、持参した文庫本を開くことはなかった。ひたすら氷河を眺め続け、ひたすら崩落を待ち続けた。

6. 三三四キロの無補給区間 ［アルゼンチン］

エル・カラファテからパタゴニアを北上するにあたり、二つの選択肢があった。一つは名峰フィッツ・ロイを経て、フェリーを乗り継ぎ、チリ・アウストラル街道の終点オイギンス村から北上するルート。もう一つはルート40をひたすら北上するルートで、ペリト・モレノまで六三〇キロの間に水を補給できる場所はわずか二ヵ所だけだった。

フィッツ・ロイはパタゴニアで楽しみにしている場所の一つである。風光明媚な景色を楽しめるのは間違いなく前者だ。しかしこのルートを選べばフィッツ・ロイから先でフェリーを使う必要があった。可能な限り自分の力で旅を完遂したいと考えている私にとって動力に頼りたくないという気持ちが強い。

後者のルートには三三四キロの無補給区間がある。東京・名古屋間とほぼ同距離だが、この間に家も店もなく、水や食料を補給することができない。これまで経験した最長無補給区間はオーストラリア・スチュアートハイウェイでの二五〇キロだったが、それを上回る距離である。決して楽な道のりではないだろう。色々と悩み、考えたが、やはりフェリーを使うという選択はできなかった。歩ける道があれば歩く。それが旅の定義なのだ。

ペリト・モレノまでの歩行日数を割り出し、食パンやハム、チーズの枚数を一枚ずつ綿密に計算する。ダンボール箱二つと手提げ袋に一五キロの食料を詰め込み、エル・カラファテを出発した。三日後に到着した最後の補給地トレス・ラゴスではガソリンスタンドで一四リットルの水をリヤカーに積み込んだ。ここから先、バホ・カラコレスまで三三四キロの無補給区間となる。

長い無補給区間ではあるが、暑くはないので水分摂取量はそれほど多くないはずだ。スチュアートハイウェイを歩いた時は暑さに苦しみ、三〇リットルの飲料を携帯した。最悪の場合、川や湿地帯で水の補給が可能なパタゴニアと違い、砂漠地帯のスチュアートハイウェイに水を補給できる場所は皆無だった。日に日に少なくなっていく水に不安を覚え、無人地帯の終わりを指折り数える毎日を過ごした。ここは三三四キロとスチュアートハイウェイに比べたら長い無補給区間だが、精神的にはずっと楽なものだ。

問題があるとしたら、やはりパタゴニア名物の強風である。向い風を受ければ、平坦な道であっても、上り坂を歩いているかのように足取りが重くなる。上り坂ならば、峠を越えた時に達成感を得られるが、強風がいつ終わるかは自然の気まぐれであり、得られるものは安堵だけだ。

トレス・ラゴスを発って二日目の朝、パラパラと雨がテントを叩いた。出発を見合わせていたら、いつの間にか雪へと変わり、オレンジ色のテントが白く染まった。ウシュアイア近郊ならまだしも、こんな場所で雪に見舞われるのは予想外である。雪が止むのを待って歩き始めれば、さらに追い討ちをかけるようにアスファルトの道が未舗装路に変わった。

無補給区間はまだ三〇〇キロも残っているし、携帯している水もギリギリの量だ。前日は強風に苦しめられたし、この先歩き抜けるのだろうか……。来た道を引き返し、ルート変更すべきではないかと弱気になり不安を覚えた。

前進することを決め、無人地帯を歩いていると、前方に黄色い服を着た男性の姿が見えた。パンパのど真ん中で何をやっているのだろうと思ったら、このロドルフォ・ロッシという男はルート40を走って縦断するという挑戦をしているらしい。ルート40はボリビア国境からウシュアイアまで、アルゼンチン内陸部を南北に貫く約五三〇〇キロの国道だ。三台の車がサポートするチームが組まれており、サポートスタッフは「これを飲んでエネルギーを補給しろ」と私にもスポーツドリンクを差し入れてくれた。

拙いスペイン語で意思疎通を図るのは難しく、彼の挑戦の目的や意義について詳しく知ることができなかったが、彼はウルトラマラソンのアルゼンチン代表で、南米記録を保持するランナーであるらしい。アルゼンチン北端からここまで三ヵ月かけて走ってきたという。唇はひび割れて血が滲んでいる。日焼けした顔には疲労が色濃く出ており、過酷な挑戦であることが窺えた。

「この辺りの景色はどうだい?」とサポートスタッフのひとりが尋ねてきた。「最高だよ」と私は親指を立てて答える。三六〇度見渡す限り、何もない荒野が広がり、未舗装の道路が地平線へ向けて伸びている。色彩豊かで風光明媚な景色も良いが、人工物が存在しない地球本来の姿も美しく、壮大なスケールを感じさせてくれる。人口密度の高い日本で生まれ育った私からすれば非現実的な景色である。

交通量は少なく、十二時間歩いて、わずか五台という日もあった。工事車両が水を差し入れてくれ、往来する車からは激励のクラクションが鳴らされる。時にはガソリン切れ寸前の車もやって来た。

「次の町までどれくらいの距離がある?」

不安そうな面持ちで尋ねてきた運転手に、「一三〇キロだ」とトレス・ラゴスへの距離を教えると彼は青ざめていた。地図も持たず、十分な燃料もなく、こんなところへ来るなんて無計画すぎると思ったが、果たして彼はトレス・ラゴスへ辿り着けたのだろうか。

7. 木を植える男 [チリ]

長い無補給区間を歩き抜いた後、アルゼンチンからチリへ入り、アウストラル街道を目指す。アウストラル街道は全長一二四〇キロに及ぶ世界一美しい林道で、「サイクリストの聖地」とも謳われる。歩くのを楽しみにしていたルートである。

チレ・チコという町を過ぎると、切り立った崖の上に道が造られており、ヘネラル・カレーラ湖を見下ろしながら歩く。琵琶湖の約三倍、香川県とほぼ同じ面積の湖だ。空よりも蒼いコバルトブルーの湖が輝きを放っている。カーブを曲がるたびに、湖は角度を変え、異なる表情を見せてくれた。

アウストラル街道に合流した後も湖に沿った道が続いた。晴れ渡った空と湖が一体化し、背後にはうっすらと雪を被ったアンデスの山々が聳えている。噂にたがわぬ素晴らしい眺望だ。

その後は度胆を抜かれるような絶景は現れず、黙々と未舗装路を歩いた。通過する車の多くは減速することなく、土煙を撒き散らしながら走っていく。そのたびに大気中を舞う砂粒を手で払いながら、ゴホゴホと咳ごんだ。時折、海のように波打った道が現れた。コルゲーションと呼ばれ、土の地面は洗濯板のようにガタガタとなり、大量の荷物を積み込んだリヤカーにも大きな負担がかかる。

工事区間が多く、通行止めで待たされることもしばしばだ。プユワピという村の南では十三時から四時間にわたって完全通行止めになり、道路が封鎖されていた。私がここに到着したのは十五時のことだった。タイミング悪く、道路工事の時間と重なってしまい、冷たい雨が降りしきる中、寒さに震えながら二時間も待たされた。

道路の舗装化が進んでおり、近い将来、全行程アスファルトになるのだろう。土煙もコルゲーションも舗装化されることで解消されるはずだ。この地で暮らす人にとって利便性が増す一方、地球本来の姿から遠ざかっていく気がして、なんとも言えない気分になる。旅行者の身勝手な言い分であることは重々承知しているが、道中の苦労もアウストラル街道の魅力、旅の神髄だと私は思うのだ。地球上にこんな場所を残しておいてもいいのではないかと。

ルート40の無人地帯を歩いていた時は一人もいなかったのに、アウストラル街道を歩き始めてからの六日間で二〇人のサイクリストを目にした。「サイクリストの聖地」といわれるだけあって、世界で最もサイクリストが集まる場所の一つでないかと思う。

ある日、前方からやって来た一台の大型バイクが止まったので、手を挙げて挨拶を交わした。ヘルメットを脱ぐと、長髪の欧米人の顔が露わになった。バイクには彼が旅してきたと思われる世界各国のステッカーが貼られており、アフリカ諸国の国旗が目についた。ステファンと名乗るドイツ人は握手の手を差し出しながら「どこから歩いて来たんだい？」と訊いてきた。

「南米大陸はウシュアイアから歩き始めたけど、その前はエジプトから南アフリカまでアフリカ大陸を歩いていたんだよ」

その言葉にステファンの目に力が入った。

「スーダンを歩いたのはいつ頃だ？」

「ちょうど一年前かな」

驚愕の表情を浮かべたステファンは顔を上気させながら、「スーダンの砂漠を走っていた時、君が歩いている姿を見たよ！」と興奮気味に言った。予想だにしていなかった彼の言葉に驚き、「本当か！」と思わず叫んだ。

「そういえば俺もスーダンを歩いていた時、砂漠を走るバイクを何台か見たのを覚えているよ」

全く信じられない話だが、その一人がステファンだったのだ。バスや列車で世界を旅する旅行者が行く先々で再会することは決して珍しい話ではない。しかし徒歩という最も遅い手段で旅する私が誰かと再会するなんてめったにないことだった。

機動力の差があるにせよ、徒歩とバイクで自ら舵を取りながらの旅である。だからこそ街や観光地ではなく、スーダンの砂漠とアウストラル街道のど真ん中という辺鄙な場所で出会うことができたのだろう。

それにしてもアフリカと南米という大きく離れた場所で二度も遭遇するなんて、スケールの大きな話だ。こんなことがあるのかと、私はただ驚くばかりだった。ステファンはリヤカーを引く私の姿を見て、「もしや」と思い、バイクを止めて声をかけたという。私たちが思っているほど世界は広くないのかもしれない。

その後、セロ・カスティージョという山が姿を現した。「カスティージョ」はスペイン語で「城」を意味する。峰にはいくつもの小塔が並び、そのフォルムはまさに城だ。難攻不落の要塞のように厳かな雰囲気を放っている。

セロ・カスティージョでトレッキングを楽しんだ後、アウストラル街道で最も高い一一〇〇メートルの峠を越えると、あたり一面に咲き乱れるタンポポが迎えてくれた。その後は新緑眩しい木々に囲まれた林道が続き、のどかな牧草地帯へと変わる。

アウストラル街道は次から次へと新たな表情を見せてくれた。思っていた以上に素晴らしいルートである。やはりパタゴニアの自然は期待を裏切らないのだ。そして私はラフンタという小さな村に辿り着いた。


「パタゴニアのラフンタに五万キロを歩いた男がいるらしい」

そんな情報に巡り合ったのは三週間前のことだった。男性の名前はポール・コールマン。その名前に明確な聞き覚えがあった。

歩くことを漠然と考え始めた十年前、当時の私は長距離歩行の経験も知識もなかった。夢と野心、根拠のない自信はあったものの、分からないことだらけであり、徒歩で世界を巡ることが可能であるのかすら分からなかった。

数万キロを歩いた今となっては可笑しな話だが、何か新しいことを始める前というのは最も面白い時期なのかもしれない。「本当にそんなことができるのだろうか」と大きな不安を覚えながらも未知なる挑戦に胸を膨らませていた。パソコンに検索ワードを打ち込み、徒歩行の前例について調べてみた。決して多くはないものの、前例はいくつかあり、そこに彼の名前を見つけた。

イギリス人のポールさんはイギリス王室とも交流のある上流階級の運転手としてカナダで十年間働いていた。そんな彼に転機が訪れたのは自転車で旅をしたアイスランドだった。火山や氷河、美しく澄んだ川、アイスランドの大自然に魅せられ、心を打たれた彼は地球のために人生を捧げることを決意した。

カナダからブラジルまで一万五〇〇〇キロを歩きながら植樹活動したのを皮切りに、紛争中だったボスニアでも平和を願い、一本の木を植えた。一九九〇年以来、一〇〇万本以上の木を植えながら三九ヶ国を歩き、「アースウォーカー」として知られるようになった。

私が歩くことを決意したのは、すべて自分自身の判断であり、誰かの影響を受けたわけではない。しかし、徒歩行の前例があり、先人がいるという事実は新たな一歩を踏み出す勇気を与えてくれ、そっと背中を後押ししてくれた気がする。

何かに導かれるかのように彼の元を訪れると、ポールさんと妻の菊池木乃実さんは温かく迎えてくれた。農作業をしていたポールさんは手を休め、絶景を見渡せる場所へ私を招いて、椅子に腰かけた。木乃実さんが淹れてくれたコーヒーから白い湯気が立ち上り、鼻腔をくすぐった。

頂を白く染めた山々が周りを囲み、澄んだ川が流れ、見渡す限り緑が溢れている。そんな景色を一望できる丘の上に彼らの家は建っている。

太陽光から電力を得て、川から水を汲み、薪で火をおこす。いくつもの野菜や果物を育て、自給率も高く、自然と密に関わりながらの生活を送っている。

十年前にポールさんと結婚した木乃実さんは茨城県出身の生粋の日本人。アウトドアとは無縁の生活を過ごす普通の女性だった。しかし、日本を訪れたポールさんと出会い、結婚した後、所有物の九割を処分し、木を植える旅に同行することになる。

「結婚後、何らかの変化はありましたか？」

「バックパック一つだけで旅していけるのだと思い、車などなくても二本の足でどこにでもいけることを知った。何より幸せの意味を知ったわ」と木乃実さんは話す。そして永住地探しの旅に出た彼らはラフンタに辿り着いた。

「水に空気、森、自然がとにかくきれいなんだ。人もすごく親切だし、とても平和だよ」

ポールさんがこれまで歩いた五万キロの旅路の中で最も気に入ったのが人口二千人のラフンタだった。

「この景色を見て暮らしたい」

窓の前にテーブルと椅子を置き、お気に入りの景色をいつでも眺められるように家を造る時は窓の位置から決めたという。そんな家も彼らの手造りだ。土嚢を積み上げて壁にしたアースバックという工法で造られている。土の壁は日中に太陽光が当たっている時に熱を蓄え、夜間は室内に放出するため、冬でも暖かい。自然の恵みを最大限に利用している。

家畜の放牧地として土地を提供する代わりに薪をもらったり、地元の人と物々交換することも少なくない。買物をする時は地元産のものを選ぶ。地元産がなければチリ産、チリ産がなければ南米産。

「地元のものを買えば、輸送する必要がなく、燃料など使わないからね」とポールさんは言う。

これまで世界中を歩き、異なる宗教や生活環境で暮らす人たちの姿を目にしてきたが、価値観や幸せの尺度の違いを感じることは少なくない。

真っ先に思い浮かぶのはスーダンでの光景だ。砂漠地帯の路上にスイカを並べ、客がやって来るのをただじっと待ち続ける男の姿があった。一日何台の車が止まり、いくつのスイカが売れ、いくら稼ぐのだろう。彼にとって人生の目的ってなんだろう。豊かさとはなんだろう。

水を求めて訪れた家では少年がチャイでもてなしてくれた。身に纏っている民族衣装は黒く汚れ、裕福な生活でないのは明らかだったが、透明感に包まれ、澄んだ目をしていた。スーダンでは砂漠の民の優しさに胸を打たれることが幾度となくあった。

現代社会で暮らす多くの人にとって、豊かさの指標はお金であり、何不自由のない快適な生活環境なのかもしれない。自ら望んでこのような生活を送るポールさんに豊かさとは何であるかを訊いてみた。

「確かにお金は豊かさを得る助けになる。しかし、あり余る緑に水、青い空、自分たちで作る食べ物。自然が生きる力を私たちに与えてくれる。自然の美しさで心を満たすことこそ、本当の豊かさなんだ」と彼は答えた。

今でこそ緑豊かな土地であるが、ここにやって来た八年前は荒地だったという。「この土地を美しい場所にしてすべての生き物の聖地にする」とポールさんは宣言した。その言葉通り一二〇〇本の木を植え、畑や池を作り、現在も継続中である。

「ビジョンを描いた後、そこに辿り着くにはどうしたら良いかと細かいことは考えず、目の前にやって来ることをひたすら一生懸命やるの」と木乃実さんはポールさんを語った。

「歩くことと同じだよ。目的地を定め、集中してそこを目指すだけなんだ」というポールさんの言葉にはっとさせられた。

例え小さな足跡であっても、それを積み重ねることで夢や目標、理想に近付くことができる。ここまで五万キロを歩いた私が最も強く感じていることを、彼は日々の生活の中で実践していた。そんな先人の姿は、長い旅を終えた後の生き方を教示してくれているかのようだった。

8. アサードとマテ茶［チリ・アルゼンチン］

後ろを振り返ると、山々が重なり合い、壁のように聳え立っていた。昨日まであの山の向こう側にいたが、一年の半分は雨というくらい雨が多い場所らしい。実際、プユワピの手前から雨に見舞われることが増え、厚い灰黒色の雲に覆われたすっきりしない天気が続いた。出会ったサイクリストから「明後日は雨だ」と聞いていたが、明後日どころではなく、三日間も雨が降り続いたこともあった。

夏前ではあるが、年間通して低温のパタゴニアは晩秋のように肌寒い。防水性に優れたゴアテックスの雨具を長年使用しているうちに機能が劣化したらしい。長時間雨に打たれ続けると、徐々に雨が浸透して服は濡れ、体は熱を奪われる。ウシュアイアを発って以来履き続けている靴は穴が開き、雨水が容赦なく入り込んだ。

朝からの強雨で歩行意欲を失い、テントで一日停滞することもあった。羽毛の寝袋が濡れてしまえば保温力は低下する。衣類にキャンプ道具など、何もかもが濡れてしまい、最悪な気分だ。一日停滞すれば用意していた食料も一日分減ってしまう。朝食や空腹時にはドゥルセ・デ・レチェというラテンアメリカで広く食されている液体キャラメルをパンに塗って食べていたが、パンが尽きてしまえばドゥルセ・デ・レチェをひたすら舐め回す。まるで妖怪あかなめだ。傍から見たら異常な光景に違いないが、濃厚な甘さが疲弊し凍てついた体に優しく染み渡る。

そんなどん底な気分の中、時折やって来る車が減速し、水溜りを避けてくれた時は彼らの優しさを感じ、その都度「グラシアス」と感謝の言葉を思い浮かべる。冷たい雨に打たれながらも温かな気持ちにさせられた。「これを飲んで体を温めろ」とドライバーからビール瓶を渡されることもあった。徒歩の旅以上に、自然の厳しさと人のやさしさを感じられる旅はないだろう。

「山を越えれば雨は少なくなるよ」

ポールさんの言葉通り、山を越えた今、雨はもう降っていない。空を見上げると青空が広がっているが、山の向こうは重苦しい雨雲が空を覆い、今日も雨を降らせているようだった。

国境を越えてアルゼンチンに入り、再びルート40を歩き始めた。アウストラル街道の悪天候から一転し、雲一つない快晴が続き、日差しがきつくなった。パタゴニア南部と比べ、かなり気温が上昇している。昼食のサンドウィッチを作るため、ハムとチーズを常温で持ち歩いているが、チーズが溶けて変色していた。そろそろ携帯する食料を変えないといけないなと思う。

エスケルという町を経て、クリスマスイブにバリローチェに到着した。ウエル・ウアピ湖に面したバリローチェはスイス系の移民が作り上げた街で南米のスイスと呼ばれる。それは決して大げさな表現ではない。建築様式にその影響を感じられ、緑の木々と青い湖、美しい山々に囲まれた雰囲気はヨーロッパアルプスを思わせる。

ブエノスアイレスからウシュアイアへ飛行機で向かった時、最初の経由地がバリローチェだった。ここからウシュアイアまで、さらにエル・カラファテを経由して四時間かかった。そのバリローチェへ八〇日かけて三〇〇〇キロを歩いてきたのだから感慨深いものがある。

バリローチェではクリスマスイブから大晦日まで八泊を過ごした。アルゼンチンが位置する南半球は、北半球とは季節が真逆で夏真っ盛りだ。北半球で生まれ育った私からしたら、半袖シャツで年末年始を過ごしていることに違和感を覚えてしまう。

新たな気持ちで歩行を開始した元日の昼下がり、額から流れる汗を拭いながら歩いていたら、「おーい」と後ろから声がかけられた。振り返るとアルゼンチンの英雄ディエゴ・マラドーナをでっぷりとさせたようなおじさんが大きく手を振っていた。彼の元へ引き返すと、「一緒にアサードを食べないか」と誘ってくれた。

アサードはスペイン語で「焼かれたもの」を意味し、牧畜に従事するガウチョの食文化が都市に伝播して生まれた焼肉料理だ。家族や友人、親戚を招いて食べるのが基本で、言うならばアルゼンチン風バーベキューである。

アルゼンチンを歩いていると休日の湖畔や公園でアサードを楽しむ人たちの姿をよく目にするが、元日からアサードとは、「これが世界有数の牛肉消費国の日常か」と思わず唸る。アルゼンチン人の牛肉消費量は日本人の十倍ともいわれるが、そんな数字を表すかのような光景だ。鉄網の上には炭で焼かれ、こんがりとした焼き色の肉がゴロゴロと並んでいる。「たっぷり歩いて腹が空いているだろ。もっと食えよ」とエルナンさんはしきりに勧めてくれた。口を大きく開けてジューシーな旨味を持つ肉にかぶりつく。「これは私が作ったのよ」と言うおばあさん手作りのフルーツポンチも絶品だ。さまざまなフルーツの甘さが口の中で協奏し、疲れた体を癒してくれる。器が空になるとすぐさまおかわりを入れてくれた。

食事を終えると、銀製のストローが差し込まれた小さな容器が渡された。アルゼンチンやチリで広く飲まれているマテ茶だ。茶器には茶葉が詰められており、緑茶によく似た味で違和感なく飲むことができる。

マテ茶を飲み干し、エルナンさんに茶器を返すと、新たに湯を注ぎ、次の人に回されていく。一組の茶器を使い、皆で回し飲みする習慣があり、社交の場に欠かせないものとなっている。例え初対面であっても、一組の茶器を使い、マテ茶を飲むことで距離感は一瞬にして縮まり、すぐに打ち解けられる。形式ばったものではなく、素晴らしい文化だ。

その後訪れる国々でもアルゼンチン人の旅行者と仲良くなると、「飲めよ」とマテ茶を勧められることが何度もあった。彼らは旅先にも茶器とお湯を入れる魔法瓶を持参しているのだ。

釣竿を持ったエルナンさんはすぐ側を流れる川へ向かった。対岸では馬が草を食み、キラキラと輝く川面をラフティングボートが流れていった。木陰に吊るされたハンモックに横たわれば、爽やかな風が吹きつけ、葉の間からわずかに漏れる陽光が気持ち良い。優雅な時間がゆっくりと過ぎていく。

エルナンさん一家が去った後、私は一人そこに残り、テントを張った。枯れ木を集めて火をつけ、彼らが残していったコルデロというパタゴニア名物の仔羊肉を夕食にいただいた。焚火はパチパチと音を爆ぜ、舞い上がった火の粉が漆黒の夜空に吸い込まれていく。勢いよく燃える炎を眺めながら、「新年早々、良い出会いに恵まれたな」と幸せを噛みしめた。

パタゴニアは南緯四〇度付近を流れるコロラド川以南の地域を指す。数日後、南緯四〇度を越え、三〇〇〇キロ超も歩いてきたパタゴニアの旅は終わった。

9. 汐見荘［チリ］

パタゴニアの旅を終えた後、マムイル・マラル峠を越えて、またまたチリへ入った。三度目の入国である。パンアメリカハイウェイを北上し、首都サンティアゴを経て、進路を西へと向けると目の前には大海原が広がっていた。

日本の真裏に位置し、季節も真逆の南米大陸。地理、気候共に日本から最も離れた地域であるが、長い海岸線を持つチリは太平洋を挟んで日本とつながっている。茫洋たる太平洋を眺めながら遥か先にある日本のことを想ってみた。

感傷に浸るのもほどほどに汐見荘という宿を目指した。日本の鄙びた漁村にありそうな屋号だが、ビーニャ・デル・マールというチリ随一のリゾート地に汐見荘はあった。

宿の経営者、宿泊客はすべて日本人、そんな日本人宿と呼ばれる場所が世界中に点在し、旅人たちの憩いの場となっている。宿に到着すると、「ようこそ」と初老のご主人が迎えてくれた。

日本人向けの宿なだけあり、本棚には数百冊の日本の本が並んでいるが、その中に興味を惹かれる一冊の本があった。背表紙にご主人の名前が書かれた四十年前の南米大陸のガイドブックだ。写真満載で色鮮やかな現代のガイドブックとは違い、辞書のように味気なく重厚だ。

ご主人は一九七〇年代に自転車でヨーロッパなどを走った経験を持つ。海外旅行が当たり前ではなかった時代である。地図を頼りに手探りで旅した青春の日々を「冒険的だった」と懐述した。長旅の末に行き着いた場所がチリだった。現地の女性と結婚し、一九九〇年に汐見荘を始めたという。ご主人が旅していた時代の話など、興味深い話をたくさん聞かせてもらった。

「最も長い人で五年間も滞在したり、昔は当たり前のように数ヵ月滞在していく人が多かったけど、今は一ヵ月も滞在する人はほとんどいないね。インターネットで情報を集め、同じルートを模倣してなぞっていくだけ。現代の旅行者がしているのは『旅』じゃないよ」とご主人は言う。

かつて私がバックパックを背負って世界を旅したのが二〇〇〇年代前半だった。一九九〇年代後半から急速に普及したインターネットであるが、今ほどインターネット環境は整っておらず、スマートフォンもSNSもなかった。ガイドブック以外に情報を得られる術は少なく、旅人同士、あるいは世界各地の安宿に置かれた情報ノートを通じ、情報のやり取りをしていた。その名の通り、おすすめの宿や安くて美味しいレストラン、ビザや交通情報など、さまざまな情報が記されたノートである。

インターネットを介して簡単に情報を得られる現在よりも「旅」をしているという手ごたえは遥かにあった。先人から情報をもらい、後人のために新たな情報を書き残す。几帳面な字や乱雑で読みにくい字など、それぞれ個性があり、パソコンのモニターに表示される統一された文字列よりも人間味があった。

ほんの十数年前の話だが、遠い昔のようで古き良き時代に思えてしまう。


アルゼンチンが肉の国なのに対し、太平洋に面したチリは魚の国である。スーパーマーケットの陳列棚にキッコーマンの醬油が並んでいるのを見ると、「さすがはチリ人、魚の美味しい食べ方を知っているな」と感心する。部屋の窓からは海が見え、魚市場まで徒歩圏内という絶好のロケーションだ。

市場にたくさんの魚が並ぶのは朝で大半の店は午前中に閉まるらしい。私が汐見荘に着いたのは正午過ぎだったが、「今ならまだ魚が買えるかもしれない」というご主人の言葉を聞くや否や、市場を目指した。

幸い数軒の店は開いており、一キロのサーモンを購入。宿に持ち帰り、すぐに調理を始める。砂糖や酢などはキッチンに常備され、アメリカから輸入している樽入りの業務用醤油を量り売りしてくれる。醤油はもちろんキッコーマンである。

酢飯の上にスライスした玉葱とサーモンの切り身をのせ、醤油をかける。鮮やかな橙色の身が舌の上でとろけ、シャリシャリとした玉葱の甘辛さと合わさりハーモニーを奏でる。「もうたまらんっ！」と顔がほころぶ。チリの海鮮は私の胃袋をがっちりと摑んだ。

汐見荘の旅人たちは毎日魚市場へ出かけ、新鮮な魚介を買い、刺身に海鮮炊き込みご飯やあさりがたっぷり入ったボンゴレパスタなど、海鮮料理を楽しんでいた。情報ノートなど不要な現代の旅人ではあるが、汐見荘には魚の捌き方から調理方法まで記された料理ノートがある。先人からの調理技術が今尚受け継がれ、ノートのレシピを参考に作った料理に舌鼓を打つ旅人の姿があった。時代と共に旅の形態が変化しても、海の幸を求め、汐見荘にやって来る旅人の姿は今も昔も変わらないはずだ。何かと変化の多い激動の時代だからこそ、変わらないものを見つけると、無性に嬉しく思うのである。

汐見荘に到着して間もない頃、宿の片隅に二台の自転車が置かれているのに気付いた。「これ、誰の自転車？」他の宿泊客に訊いてみると、どうやら二人のサイクリストが滞在しているらしい。「日焼けして真っ黒だから、すぐに分かりますよ」と教えられた。

数日後、他の人とは明らかに異なる真っ黒に日焼けした肌を持つ二人の若者と出会った。私と同じく一日の大半を太陽の下で過ごす自転車乗りだ。

同じ宿にいながら、彼らと顔を合わせる機会がなかったのは、人力旅をする者同士だからだろうか。ひたすら歩き続ける毎日なので町に滞在中は休養に徹する私と同じく、彼らも部屋から出てこず、ダラダラと引きこもっているらしい。

「一日中部屋で引きこもり、周りの旅行者からは『なんだこいつ』と思われているはずだけど、町では何もせずにゆっくり休みたいよね」

私の言葉に彼らが頷くも至極当然なのだ。私たちの共通点は肌の黒さだけではない。常人の二倍の食事量、旅の目的は観光ではなく路上で過ごす日々だったり、人力で旅する者にしか理解できない点も多く、そんなことを語り合えるのが嬉しい

普段は貝のように閉ざされた口が、ここぞとばかりに饒舌になった。南米大陸を南下し

てきた彼らにこの先のルートや治安状況を尋ね、情報を交換する。ガイドブックに載っていない生の情報はとても貴重なのだ。

ここで出会った宇佐美君は引き締まった体軀の持ち主だ。この先訪れる予定のウユニ塩湖について気になることがあったので尋ねてみたが、広大な塩湖で迷い、三日も彷徨って遭難しかけたという彼の助言を鵜呑みにして良いものか、悩ましいところだ。彼とは初対面だったが、話が進んでいくうちに、接点があったことを知らされた。


「自転車で世界一周をします」

英会話教室の授業中、宇佐美君は他の生徒の前で高らかに宣言した。傍らには授業の題材である「リヤカーを引いて徒歩で世界一周」という新聞記事が置かれていた。夢だった自転車での世界一周を漠然と考えていた時期で、「徒歩で世界一周できるのなら自転車でもできるだろう」と彼は考えた。

二年前、カナダ・ホワイトホースから自転車旅行が始まった。アメリカ、中米諸国を経て、順調に進んでいた旅に事件が起こったのはエルサルバドルでのことだ。首都サンサルバドル近郊で白昼堂々、強盗被害に遭い、身に着けていた衣類以外のすべてを失った。十人以上の男から暴行を受け、銃口を向けられたが、周囲の人たちは見て見ぬフリ。強盗に遭ったという事実以上に、その状況が怖かったという。身をもって自転車旅行のリスクを知り、恐怖心が消えることはなかったが、「ここで旅をやめたら負け」とペダルを漕ぎ続けることに迷いはなかった。

「ご両親は心配したんじゃない？」

「実は強盗に遭ったことは話していないんです。知らぬが仏ですよ。『荷物を盗まれた』とだけ伝えたら『お前はアホだ』と言われました」と彼は笑った。

アホな息子を演じながら、一時帰国して新しい自転車と装備品を揃えた後、再び世界へ。アジア、ヨーロッパを走り、南米大陸へとやって来た。そしてチリで私たちの旅路が重なった。私たちの巡り合わせは神様の悪戯のようにも思えた。

当初は三泊のつもりだったのに、腰が重くなり、気が付けば二週間を過ごしていた。ズルズルと滞在が延びている状況に、「意志が弱いんですよね」と宿のご主人に話すと、「意志が弱い人間が歩き続けられるはずないですよ」と柔らかな笑顔で返された。確かにそうなのかもしれないが、歩くのも、ゆっくり過ごすのも好きなのだ。

汐見荘では日なたで横になり、読書をして過ごすことが多かった。ある時、本棚にあった『ロバと歩いた南米アンデス紀行』という本が目に入った。ボリビアからアルゼンチン・ウシュアイアまで歩いた著者は旅の過程で汐見荘にも立ち寄っている。この本は出版後に寄贈されたもので、巻末に著者とロバの写真が貼られていた。バリローチェ以南の土地が出てくれば、その情景が鮮明に蘇る。

著者が歩いたのは一九九三年頃だが、フエゴ島のトルウィンでエミリオさんというパン屋の主人に招かれていた。トルウィンのパン屋といえば、サイクリストを無償で泊めてくれるラ・ウニオンがあり、私もお世話になった。

本文中に「ラ・ウニオン」という名前は出てこない。しかし、ウ・ユニオンの主人も同じくエミリオという名前で、同じパン屋である可能性は極めて高い。二〇年以上も前から旅人に救いの手を差し伸べていたことに驚き、長い年月変わらぬものを見つけたことにささやかな喜びを感じた。

宇佐美君はチリから一時帰国するというので、私も同日に汐見荘を発つことに決めた。彼の旅はここで終わるわけではない。「再び南米へ戻り、大陸最南端のウシュアイアまで轍をつなぎたい」と宇佐美君は言う。この先自転車で走りたい場所を尋ねると、「未訪のオーストラリアに東ヨーロッパ、南アジア……」大食漢のサイクリストは山盛りの焼豚丼を頬張りながら夢の続きを語ってくれた。

コラム1

世界で一番美味しい料理

私の旅はグルメ紀行ではない。伝統ある老舗料理屋やガイドブックで紹介されるレストランなど、まるで縁がなかった。

そんな旅なので、「海外で食べた料理」と訊かれて真っ先に思い浮かぶのは、「料理」ではなく、その時々のシチュエーションだ。

オーストラリアの無人地帯では時折現れるサービスエリアで冷たいビールを飲み、ハンバーガーを食べることをモチベーションにして歩き続けた。

ブルガリアで凍傷を負い、入院した時に提供された入院食はひどいものだった。栄養価が高そうにないパック詰めされた冷たい食事を思い出すと、悲惨な経験がフラッシュバックする。

人種や宗教、文化など、私と旅先で出会った人との間には様々な相違点があった。しかし「食べること」は人類共通の喜びである。コミュニケーションツールになることも少なくなかった。

中国・新疆ウイグル自治区ではカザフ族のユルタ（移動式住居）で大家族に交じって大皿を囲んだ。アフリカでは地元民と同じように手づかみで料理を口に運ぶと、彼らとの距離が縮まり、自分の存在が受け入れられた気がした。

旅先で出会った人たちと心を通わせながら食べた料理は忘れられない味であり、共に過ごした時間はかけがえのない時間だ。

「美味しかったよ」と伝えた時に見せてくれた笑顔は私の心を満たしてくれた。感謝の気持ちを込めてもう一度伝えたい。「ごちそうさまでした」

第2章

アンデス山脈を越えて

南米後編

10. ラグーナルート［チリ・ボリビア］

どのタイミングで、何らかの境界があったのか定かではないが、気がつけば、私の目に映る世界は茶色く荒涼としたものに変わっていた。白い氷河、湖の青、潤しい緑など、生命力溢れるパタゴニアとは対極にある殺風景で乾いた景色が広がっている。

南北四三二九キロに細長く延びるチリは南にパタゴニア、東にアンデス山脈、西に太平洋とさまざまな表情を持つ。そしてこれから目指す北にはアタカマ砂漠が待ち構える。

汐見荘から十日歩き、ラ・セレナに辿り着いた。地図を広げると空白地帯がいくつもあった。ここから北へ進めば二〇〇キロ歩いて町、一五〇キロ歩いて町、さらに八〇キロ歩いて町……いうふうに一〇〇キロから二〇〇キロおきに町が点在し、その都度水と食料を補給する。

町に辿り着くたびにスーパーマーケットを探した。国や気候によって携帯する食料は変わる。南米大陸の序盤パタゴニアではサンドウィッチが主だったが、チリ中部以降はラーメンにクッキー、米、サバの缶詰が食事の基本だ。サバの水煮の缶詰が売られているのは後にも先にもチリだけだった。さすがは魚の国だとつくづく思う。醤油と砂糖で味つけをし、炊き込みご飯を作るのだが、これがまた絶品でチリでの主食となった。

アタカマ砂漠での最長無補給区間はタルタルからアントファガスタへの二四〇キロだ。五日間で歩き抜くことを想定し、ガソリンスタンドで三六リットルの水を補給する。荷台に積み込むと、後部に重心がかかり、バランスを失ったリヤカーは「ガッシャーン」と大きな音を立てて、ひっくり返った。総重量は過去最重量の一〇〇キロ超である。心なしかタイヤがへこんでいるように見える。リヤカーを引く腕にずっしりと重い量感が伝わり、背筋を冷たいものが走った。

「これを引いて歩くのか……」

アタカマ砂漠といっても道なき砂上を歩くわけではなく、広漠とした大地の中を一本の舗装路がどこまでも伸びている。平坦な道が続くものと思いきや、意外にも起伏が激しかった。アタカマ砂漠の平均標高は二〇〇〇メートルあり、タルタルを発った日は一日で一七〇〇メートルも高度を上げた。強い向かい風が吹きつける中、一〇〇キロ超のリヤカーを引いてを歩けば、前へ踏み出す一歩が重く、体中から大粒の汗が噴き出した。発汗で濡れたシャツを絞ると、大量の汗が滴り落ちる。

長い上り坂を歩き抜き、難所を越えた後は果てしなく続く褐色の大地に心を躍らせた。一日歩き終えた後は夜空に散りばめられた満天の星空に感嘆の溜息を漏らす。

乾燥して澄み切った空気と標高の高さは綺麗な星空が見える環境を創り上げ、アタカマ砂漠は世界で一番星空が美しいといわれている。その看板に偽りはなく、私がこれまで見た中で最も美しい星空が広がっていた。

テントから顔だけを出して夜空を見上げれば、一本の長い線を描きながら、星が落ちていく。星々が瞬き、世界一の星空を彩っているが、目を凝らしてみると、闇夜に小さな星がいくつも浮かんでいる。弱々しい光を放ち、誰にも気付かれることなく、ひっそりと存在しているかのような星だ。宇宙にこれだけの星があることをアタカマ砂漠にて知った。

オーストラリアで追い詰められたような精神的なきつさはなく、エジプトやスーダンで経験した酷暑も、ケニアで苦しんだ悪路もなかった。過去に経験した砂漠地帯と比べ、アタカマ砂漠の旅は楽しいものだった。最も強く脳裏に焼き付いているのはチリ人の優しさだ。

私が砂漠や無人地帯を好むのは、日本にはないスケールの大きい非日常な環境に身を置きたいからだ。厳しい自然の中でどれだけやれるかを試してみたいという挑戦心もあるが、このような過酷な場所での出会いも大きな理由なのだと改めて思う。

アタカマ砂漠を歩いた三週間で三〇台以上の車が止まり、水や食料が差し入れられた。「車に乗っていくか」と声をかけられることも少なくなく、その気遣いに感謝しながらも丁重に断る。心身の疲労を感じていたタイミングで声をかけられれば大きな励みになる。「アタカマ砂漠を行き来するトラックドライバーの間で君のことが話題になっているよ」と大型トラックの男は笑った。連日アタカマ砂漠を走る長距離バスはわざわざ停車して、乗客に提供する車内食を渡してくれた。

ある日、車が止まり、声をかけてきた男性からサンドウィッチが手渡された。どう見ても彼が食べる昼食に違いなかった。「これはあなたの昼食だから受け取れないよ」と断ったが、「気にしなくていいから」と彼は言い、走り去っていった。

「なぜこんなにも親切にしてくれるのだろう」と胸が熱くなる。救いの手を差し伸べてくれる人の優しさに大きいも小さいもないけれど、過酷な環境下で感じる優しさは心の繊細なところをそっと撫でてくれ、じんわりと温かくなっていく。

「グラシアス」感謝の言葉を幾度となく重ねながら、私は次の町に辿り着いた。

サン・ペドロ・デ・アタカマはアタカマ砂漠に佇む小さな町だが、近郊に月の谷やアタカマ塩湖を有するチリ北部最大の観光地で多くの旅行者で溢れている。ここで一泊し、新たに始まる長い戦いに備えた。


国境を越え、ボリビア・ウユニへの道中、標高四〇〇〇メートル超の場所に湖が点在するラグーナルートと呼ばれる道がある。旅行者に人気のルートだが、公共交通機関はなく、ここを訪れるにはツアーか自らの足以外に手段はない。

サン・ペドロ・デ・アタカマからの上りが最初の難所だった。町があるのは標高二四〇〇メートル地点だが、ここから標高四六〇〇メートルの国境まで延々と上りが続く。私がこれまで経験した最高到達高度は日本最高峰富士山の標高三七七六メートルでしかない。しかも今回は登山ではなく、総重量一〇〇キロのリヤカーを引きながらの挑戦である。過去にリヤカーを引いて三〇〇〇メートルを越えたのは中国とエチオピアでの二回だけだ。

果たしてこれだけの高度を越えられるのだろうか。戦々恐々しながら、未だかつて経験したことのない高度にリヤカーと共に挑んだ。

坂を上り始めると、荷台に積み込んだ十日分の食料が重くのしかかった。酸素の薄さに加え、傾斜がきついので、息苦しさを感じ、呼吸が荒くなっていく。足を止めるたびに「ハアハア」と乱れる呼吸をゆっくり整え、深呼吸するかのように意識して大きく空気を吸う。酸素を求めて口は常に開いたままだ。

五〇メートル歩いては足を止め、すぐにまた歩く。五〇メートルどころか数歩で足を止めることすらある。それをひたすら繰り返す。これまで世界各地でさまざまな環境下を歩いてきたが、肉体的な負担が最も大きく、歩行距離は五時間半でわずか十二キロという重い足取りだった。きついことは覚悟していたが、想像以上に過酷な道のりだ。それでも一歩一歩着実に歩を進めていき、高度を上げていく。後ろを振り返ると、荒涼とした大地の中にサン・ペドロ・デ・アタカマの町がポツンとオアシスのように浮かんでいた。

時折ガードレールに黒いマジックペンで現在地点の高度が書かれているのに気付いた。

こんなことをするのはサイクリスト以外に考えられない。私と同じように酸素の薄さに苦悶し、もがきながら坂を上る自転車乗りの姿が頭に浮かんだ。そんな同志の存在は心強く、「頑張れよ」というエールのように思えた。「自ら好んでこんなことをしているのだから、俺も君もバカだよな」と落書きに微笑みかける。太平洋沿岸の平地を北進すれば楽に歩けることは明白なのにあえてきついルートを選ぶのだから本当にバカとしか言えない。それでも私はラグーナルートを歩きたかったし、楽なルートを歩いて南米大陸縦断を完遂したところで意味はないとすら思っていた。

二日目、四五〇〇メートルの峠を越えた時は苦しみから解放された安堵と歓喜が心の中に広がった。その後、幹線道路を外れ、国境へと至る未舗装路を歩き始めた。ここから約二三〇キロ、国境を越えてボリビアに入った後も車の轍が残されているだけの道なき道が延々と続く。GPSはおろか、地図やコンパスすら持っていないので、この轍だけが道標となる。ツアーのランドクルーザーが自由気ままに走るので、荒野には幾筋もの轍が残されていた。

「うーむ、どれを歩けばいいのだろう」

無数の轍を前に私は立ち尽くした。まるであみだくじのようで、どの轍を選ぶべきか悩ましい。何かに試されている気分である。しかし多少の遠回りはあるにせよ、どれを選んでも最終的には同じところに行き着くはずだ。明らかに変な方向へ向かっているものはもちろん除外するが、重要なのは地面の固さであり、歩きやすさなのだ。「これだ」と一つ選び、地平線へ向けて伸びる轍を追いかける。悪路のため、スピードは時速三キロ、一日に進めるのはわずか三〇キロだけだ。

高地に悪路という条件下での上りは楽なものではない。ゆっくり一歩ずつ進み、疲れたら足を止めて呼吸を整える。そしてまた新たな一歩を刻む。私にできるのはそれだけだ。この単調な動作を地道にひたすら続けないとラグーナルートを歩き抜くことはできない。本来感情を露にする人間ではないが、最高地点四九〇〇メートルの峠を越えた時は、「やった」と思わず声を上げ、拳を力強く握った。

強風が吹き荒れているので岩陰など、少しでも風除けになる場所を探してテントを張る。就寝前に満天の星空を眺めるのが一日の締めくくりだ。

これまでは基本的に米を主食としていたが、標高四〇〇〇メートル超の高地は沸点が八五度前後と低い。そのため米を炊くのは難しく、大量のパスタを準備した。九日間十八食分としてパスタ三キロにパスタソース九袋、その他にインスタントラーメン六袋、朝食と行動食用に大量のクッキーを携帯している。アルデンテには程遠いぶにょぶにょの麺だが、疲れ切った体に温かな食事が優しく染み渡る。

翌日の昼食分もまとめて作るが、それを食べる頃には冷凍保存したかのようにカチカチに凍っている。固く冷たいパスタは決して美味しいものではないが、前へ進むエネルギーに換えるため、黙々と貪った。

明け方はマイナス十五度まで冷え込み、水が入ったペットボトルは凍結した。寝袋から這い出るのにも少しばかりの勇気が必要だ。

「うう―寒い」身を縮めてテントから一歩出てみると、ピンと張り詰めた冷気が体を包み込む。一瞬にして眠気が覚め、坐禅で肩を打たれた修行者のようにビシッと背筋が伸びる。口から漏れる吐息まで凍ってしまいそうな寒さだ。かじかむ手でテントに張り付いた霜を払っていたら、温泉地の湯煙のように空高く伸びる幾筋もの湯気が見えた。

「温泉だろうか？　もしそうなら、あそこで体を温めるのも悪くない」

湯気に誘われ、ワクワクとした心持ちで歩いていくと、目の前に現れたのは間欠泉だった。広大な大地にクレーターのような円形の窪みが無造作に並び、あちこちから白い蒸気が立ち上っている。地面の穴を覗き込むと、不気味な灰色をした泡がグツグツと噴き、地球の鼓動のようだ。蒸気の背後では生まれたばかりの朝日が煌々と輝いている。黄金の色彩が靄の中に滲み、幻想的な風景が広がっていた。

人為の及ばない剝き出しの自然の中に立てば、生身の人間の小ささを思い知らされる。強風が吹き荒び、砂深い悪路に苦しみ、凍えるような夜を過ごし、日中は汗ばむほどの陽気となる。これほどまでに自然に翻弄されたことがあっただろうか。己の無力さを痛感させられることも多いが、砂と汗にまみれながら、必死に喰らいついていった。足跡を一歩一歩刻むごとに小さな手ごたえを感じたし、無垢なる地球本来の姿に触れられることに言いようのない幸せを感じた。

八日かけてラグーナルートを歩き抜き、有人地へ辿り着くと、日干しレンガで造られた簡素な家がぽつんと佇んでいた。荒野には南米大陸原産の家畜であるアルパカが放たれ、民族衣装を着た女性が歩いている。青空と山、色鮮やかな民族衣装のコントラストが美しく、これまでの南米とは異なる世界が広がっていた。

アルゼンチンやチリではヨーロッパ系が大部分を占めていたが、ボリビアは南米の中で最も先住民インディヘナの割合が高く、南米らしさを象徴する国なのだ。

アンデス高地は紫外線が強いため、この地で暮らすインディヘナの肌は浅黒く、男女共にずんぐりとした体形だ。インディヘナの女性はチョリータと呼ばれ、山高帽、ポリェラという民族衣装のスカートに身を包み、長い髪を三つ編みにしている。

食料が尽きかけたタイミングでボリビア最初の村アロタに到着した。村のメインストリートは静まり返り、人通りはまったくないが、小さな商店を見つけ、コーラと行動食を購入する。ボリビアの商店では値段が表記されてなく、その都度店主に尋ねるのが面倒だ。南米最貧国で物価が安いと聞いていたが、食品に関してはチリやアルゼンチンからの輸入品が多く、チリのスーパーマーケットと比べ割高だ。

ビラビラという村の路上では小さな屋台があったので立ち寄った。チョリータのおばさんが鉄板の上で細かく切った肉を炒め、ご飯の上に盛ってくれた。ボリビア入国十一日目にして初めてのボリビア飯である。

「これはなんの肉？」と訊くと「リャマだよ」とおばさん。「おおおっ」と感嘆の声を上げる。思ったよりも臭みが少なくて美味しいが、その味に感動したわけではない。オーストラリアでカンガルーの肉を、アフリカでラクダの肉を食べた時と同じように、日本ではなかなか食べられないご当地食材を口にできたことが嬉しかったのだ。

ラグーナルートを抜けた後、さらに三日半歩き、ウユニに辿

初めてのボリビア飯リャマ肉とチョリータのおばさん

り着いた。南米大陸を南下する旅人は大型スーパーマーケットが多いチリやアルゼンチンの発展ぶりに驚くというが、北上すればまったく逆の印象を抱くはずだ。ここにスーパーマーケットはないが、市場の外にはずらりと露店が並んでいる。たくさんのインディヘナが行き交う青空マーケットは刺激的で私は何かに憑りつかれたかのように町を歩き回った。五感を研ぎ澄ましてさまざまな変化を感じ取り、この地に漂う独特の空気を肌に染み込ませる。「ようやく辿り着いたな」と思った。私が思い描いていた南米がここにあった。

11. ニボリビアーノの空中散歩 ［ボリビア］

「死ぬ前に行きたい絶景ランキング」など「行きたい」「見たい」「絶景」と銘打ったランキングで必ずといっていいほど上位にランクしているのがウユニ塩湖である。

雨が降れば、湖面に薄く水が張ることで鏡となり、空を反射させて「天空の鏡」と呼ばれる神秘的な景色が現れるという。天空の鏡に興味ないわけではないが、ウユニ塩湖を歩きたいという気持ちの方が断然強かった。塩湖上でテントを張って夜を過ごすので、むしろ雨は不要なのだ。

塩湖へと至る道はウユニの町の北西にあった。二二キロ離れたコルチャニを抜け、しばらく歩くと視界が開け、広大な塩湖が現れた。南北約一〇〇キロ、東西約二五〇キロの塩湖に足を踏み入れると雪原のように真っ白な世界が広がっていた。雨季と乾季の境目の四月だが、塩湖上に水はなく、塩の結晶が六角形の亀甲模様を作り、あたり一面に浮かんでいる。

「ほほう。これはなかなか」

この世のものとは思えない景色に息を呑んだ。テレビや写真で幾度となく目にしていたが、目の前に現れた本物は想像を超えた。

視覚的なインパクトは強烈だ。しかし、延々と白い大地が続くだけで、どれだけ五感を働かせても、何一つ変化を感じ取ることができない。まったくもって贅沢な話であり、ウユニ塩湖に憧れる女子からは、「ウソー、信じられなーい」と非難轟々浴びてしまいそうだが、正直なところ、一〇分も歩けば飽きてしまうのだ。だがこの非現実感は、「とんでもないところにいるな」と気持ちを浮き立たせてくれ、快活な気分で足を進めていった。

ここからウユニ塩湖を縦断し、北端に位置するタウアという村を目指す予定である。しかし、塩湖上に道はなく、幾筋もの轍が残されているだけだった。漠々たる塩原のどこをどう歩けば良いのか、まったく見当がつかない。

ルールや規則に縛られることなく、好きなところを好きなように歩けばいい。一見自由に思えるが、道路や標識に管理された社会で生きてきた人間にとって、道標がないというのは心許ないものだ。

ビーニャ・デル・マールの汐見荘で会った宇佐美君は「ウユニ塩湖を自転車で走行中に迷い、三日間も彷徨い続けた結果、地元民の車に助けられました」と誇らしげに武勇伝を語ってくれた。その話を聞いた時は大袈裟に話を脚色しているのだろうと思ったが、実際ここに足を踏み入れてみると、それが実話であると理解できる。

ボリビア随一の観光地なだけあって、ツアーのランドクルーザーは多かった。ツアーに参加しなければ、徒歩か自転車くらいしか、ここを訪れる手段がないのだから当然だ。轍の先にうっすらと黒い影が見えたのでまずはそこを目指す。一時間半ほど歩いた先に現れたのは塩のホテルだった。外壁や柱などレンガ状に固めた塩で造られている。中へ入ってみると椅子やテーブル、室内の装飾もすべて塩である。

すぐ近くには「DAKAR BOLIVIA」と刻まれた塩のモニュメントがあった。「世界で最も過酷なモータースポーツ競技」と言われるダカール・ラリーは北アフリカの治安悪化に伴い二〇〇九年より南米大陸に舞台を移した。開催年により行程は異なるようだが、ウユニもコースになったらしい。

塩のホテルは観光地と化していて十台以上のランドクルーザーが停められていた。「どこへ向かっているんだい?」とツアーのドライバーが声をかけてきた。「タウアへ行きたいんだけど目標物が何一つないからどう行けばいいのか分からなくて」

するとドライバーは遥か遠くにうっすらと見える山を指差し、「ひたすらあの山を目指して歩け」と言った。ツヌパ火山といい、九〇キロ離れているらしい。しかし木や建物など目標物は他になく、距離感をつかむのが難しい。

当初の予定では、塩湖上に佇むインカワシ島を訪れた後、北端に位置するタウアを目指すつもりだった。しかし、一〇分も歩けば飽きてしまう環境である。予定を変更して、インカワシ島には寄らず、最短距離で塩湖の踏破を目指すことに決めた。

大半のツアーはインカワシ島へ向かうので、北へ向けて進路をとった後、遭遇するランドクルーザーは激減した。そのため、誰にも干渉されず、静かに塩湖を歩くことができる。ラグーナルートの悪路とは違い、平坦な塩湖はアスファルトのように歩きやすい。一定のリズムで刻まれる足音と息遣い、風の音以外、何も存在せず、濃厚な静寂に包まれていた。

適当なところで足を止めてテントを設営する。人目につかない場所が野営地の鉄則だが、そんな場所はどこにもなく、塩湖上に道はないので車に注意しようにも注意できない。三六〇度視界は良好なので大丈夫だとは思うが、油断は禁物だ。私の知る限り、ウユニ塩湖では過去十年に二件の交通事故が発生している。

二〇〇八年には車の正面衝突により十三人が亡くなり、二〇一六年にも五人が亡くなる事故があった。居眠り運転とスピードの出し過ぎが事故の原因と言われている。

遮るものは何もなく、見通しの良い場所だが、街灯など明かりがあるはずなく、ドライバーからしたら、こんなところにテントが張られているなんて想定外のはずだ。

気休めに過ぎないかもしれないが、轍から離れ、塩が描く幾何学模様の上にテントを張った。塩の結晶上を歩けば、ジャリジャリと塩を砕く小気味よい音が響く。

テントのペグを打つが、地面はカチカチに固い。打音がむなしく聞こえるだけで、なかなか刺さらない。力任せに叩くと、ペグが「ぐにゃり」と曲がった。塩の大地を削り、なんとかペグを突き刺した。白い塩湖にオレンジ色のテントが映える。なんて素晴らしいキャンプなのだろう。

塩の埋蔵量は二〇億トンといわれている。塩は採り放題なので、地面を削り、チキンに振りかけた。せっかくウユニ塩湖でキャンプをするのだから豪華にいこうとコルチャニの食堂でチキンを買っておいたのだ。やわらかな夕日に照らされた塩湖は赤味がかっている。一日の終わりを眺めながらの夕食はとても贅沢な時間だ。

やがて陽が沈み、空は色濃くなっていく。闇夜に無数の星が煌めき、月明かりを反射させた塩湖が青白く浮かび上がる。一夜明けると、塩湖は淡く染まり、刻々と色を変え、黄金色になっていく。時間と共に世界が変化していく様子をコーヒーで体を温めながら鑑賞した。ウユニ塩湖は常に違った美しさを見せてくれた。

一つだけ問題があるとしたらトイレだろうか。見渡す限り誰もいないとはいえ遮蔽物が存在しないというのは落ち着かないものである。テントを見つけた車が珍しいもの見たさにやって来る可能性もあるので堂々と残すのはまずい。そもそも真っ白な塩湖上に排泄物を残していくのは純白のテーブルクロスに醬油をポタッと滴らせるかのようであり、景観を壊すので抵抗がある。幸い塩湖にはところどころ小さな穴が開いていたので、その中にこっそり産み落としておいた。

陸地に辿り着いたのは、ウユニ塩湖を歩き始めて三日目のことだった。ここからはオルーロを経て首都ラパスを目指す。憲法上の首都はスクレだが、議会をはじめとした政府主要機関、各国大使館はラパスにあり、一般的にはラパスが首都として認識されている。ラパスが近付くと、牧歌的なアンデスの風景から徐々にレンガ作りの家が現れ始めた。交通量が激増し、渋滞する車の間を縫うように進んでいく。いかにも体に悪そうな黒煙が大気中に充満している。

さすがは首都ラパスだと思ったが、「ここはエル・アルトだよ」と地元民のおじさんが教えてくれた。そして、その先に現れた景色を目にした時、「えっ」と驚きの声が思わず漏れた。思考回路が錯乱し、頭の中が真っ白になる。目に映った景色が弾丸となって視神経を突っ走り、脳天をガンッと揺さぶった。その直後、血が波打つように「うおおおぉぉおっっっ」と強い興奮が体の奥から衝き上げてきた。

ラパスはすり鉢状の地形に街が形成されている。山に囲まれたすり鉢の内側には、びっしりと建物で埋め尽くされていた。ビルが乱立する底の部分が街の中心で標高三五九三メートル。世界最高高度にある首都である。ラパスを見下ろせる縁の部分にあるのが標高四一〇〇メートルのエル・アルトだ。高低差五〇〇メートルの斜面にも茶色い家々が隙間なく並んでいる。

エル・アルトからラパスを見下ろす

私は縁の部分に立ち、眼下に広がる人口九〇万人の都市を見下ろしていた。背後にはワイナ・ポトシとイリマニ山という六〇〇〇メートル級の山が聳えている。人工物と自然が調和した不思議な景色だ。視覚だけで、これだけの衝撃を与えてくれる街は他にないだろう。

一九七七年から八三年にかけて南北アメリカ大陸を徒歩で縦断したイギリス人ジョージ・ミーガンもラパスを目にした時の感動を以下のように記している。

「ぼくは突然目に飛び込んで来た一大パノラマを信じられない思いで見渡した。はるか下の峡谷に、世界で最も高いところにある首都が広がっているのである。その驚くべき美しさは、リオ・デ・ジャネイロや香港に劣らないようにぼくは思えた。」（『世界最長の徒歩旅行』中央公論社より）

エル・アルトからラパスまで直線距離で二キロほどだが、高低差があるのでハイウェイを大きくぐるりと回って十一キロを歩いた。最短距離でいける道もあるが、貧しい人々が暮らすエリアを抜ける必要があるので避けておいた。ボリビアも例外なく貧富の差は存在し、富裕層はラパスの低地、貧民層はエル・アルトへ至る斜面にと住み分けされているらしい。すり鉢の底へと達した後、インティワシという安宿に投宿した。

チリで滞在した安宿の宿泊帳には、名前、パスポート番号だけでなく、「好きな国」という項があった。私は直感的に思い浮かんだ「カザフスタン」を書き込んだ。宿帳をパラパラとめくると、数ページ前まで「嫌いな国」という項があり、圧倒的に多かったのがインド、次いで中国。そして目についたのがボリビアだった。何かと強烈で私たちの常識が通用しないインド、中国の名前が挙がることは理解できるけど、なぜボリビアなのだろうというのが率直な感想だった。今のところ、嫌いになる要素は見当たらない。

最初の二週間はラグーナルートとウユニ塩湖で過ごし、自然の素晴らしさを知った。それと同じくらいに魅力的なのは人だった。先住民インディヘナの比率が高い国であり、民族衣装に身を包んだ女性が多い。人は親切で、差し入れをいただくこともあった。

「ボリビアの食事は不味い」という悪評もよく耳にする。ラパスに到着後、最初にとった食事は屋台のハンバーガーだった。その夜は食あたりで嘔吐し、苦しめられたものの、それを除けば悪くはない。

夜になるとサンフランシスコ教会周辺の路上には、たくさんの屋台が現れ、闇の中にいくつもの明かりが浮かぶ。肉を焼く煙がもくもくと立ち上り、食欲をそそる匂いが漂っている。さすがにもう一度ハンバーガーを食べようとは思わないが、屋台をあれこれ見回しながら歩けば涎が滴り落ちそうになる。

ボリビアの安食堂には定食があり、いくつかのメニューからスープとメイン料理を選ぶことができる。ミラネサという牛カツや魚フライ、チキンなど、食堂によってメニューは異なり、味もさまざまだが、噂に聞く不味いものに当たったことは一度もない。

隣国のペルーは南米で最も食事が美味しいと評判の国なので、ギャップが大きいのだろうか。あるいは「不味い」といわれるものは料理ではなく米を指すのかもしれない。ボリビアは標高が高く、沸点が低いので米をうまく炊けないのだ。

本来私は食事にこだわりがあるわけでない。たくさんのカロリーを消費する歩き旅をしているからか、腹が満たされ、まずくなければいいという考えの人間なのである。だが、そんな粗雑な舌を唸らせたのがサルテーニャだった。

サルテーニャはボリビアで定番の朝ご飯で、路上の屋台から専門店まで幅広く売られている。見た目は南米で広く食されているエンパナーダという具入りのパンに近い。もっと分かりやすく説明するなら、餃子の皮をパン生地にしたようなものである。

クッキーのようにサクッとした生地を噛んだ瞬間、水風船が破裂したかのように、熱々のスープがジュワッと口の中で弾ける。ホクホクとしたジャガイモの深い味わいと肉の旨味が広がり、あまりのうまさに顔がとろけてしまう。

気をつけるべきは、その食べ方だ。慣れないうちは大口でかぶりつき、スープをこぼすこともあったが、少しずつサクサクかじりつつ、スープをすすり、具も味わうという風に食べ方が分かってくる。こうしてサルテーニャからラパスでの一日が始まるのだ。

旅行者が多いサガルナガ通りにはアルパカのセーターやアンデスの民芸品を売る店が多い。サガルナガ通りと交差するリナレス通りは通称魔女通りと呼ばれている。

小さな店が軒を連ね、魔除けに使われる怪しげな小物や媚薬が並び、軒先にはリャマのぬいぐるみが吊るされている。……と思いきや、よく見ると本物のリャマの赤ちゃんミイラである。日本では家を建てる前に縁起を担いで地鎮祭が行われるが、ボリビアでは家を建てる時にリャマのミイラを埋めると魔除けになるらしい。

すり鉢の底にはビルが乱立し、平坦な道があるのもここだけだ。ただでさえ空気が薄い高地にもかかわらず坂が多く、散歩しているだけで息が切れる。

ワールドカップ予選など、ホームアンドアウェイで行われるサッカーの代表戦は南米の多くの国にとってラパスでのアウェイ戦が鬼門となっている。富士山山頂に近い高度で走り回るわけだから当然だろう。二〇一三年にはアルゼンチン代表のリオネル・メッシがハーフタイム中に嘔吐したという報道があったくらいだ。

そんなラパスの街から顔を上げると、すり鉢の縁にあるエル・アルトまで家々が密集しているのが見える。かつては徒歩か車でしか、エル・アルトに行く手段はなかったが、二〇一四年にミ・テレフェリコと呼ばれるロープウェイができ、庶民の足となっている。

私が訪れた二〇一六年四月の時点で三路線あり、赤黄緑の三色で路線が色分けされていた。運賃は三ボリビアーノ（五〇円）だ。宿の近くには近代的な駅があり、黄色のゴンドラが発着している。地元民に混じって、八人乗りのゴンドラに乗り込んだ。人々の生活空間にゴンドラの黒い影を落とし、街を見下ろしながら、五〇〇メートル上のエル・アルトへゆっくりと上がっていく。

遠くに近代的な高層ビル、真下には錆びたトタン屋根で覆われた低所得者の家と対照的な景色だ。さらに高い位置に上がると、雪を抱いたアンデスの山が見える。太陽が西へ傾いた夕方、やわらかな明かりが家々に灯り始め、夜になれば宝石箱をひっくり返したように煌々と輝く夜景を見ることができる。お気に入りの景色を眺めるため、暇をみつけてはロープウェイに乗ってエル・アルトへ足を運んだ。

沢木耕太郎氏の『深夜特急』では、著者が香港を訪れた際、香港市民に混じってスター・フェリーという庶民の足となっている船に乗っていた。一〇セントの運賃、入口で買う五〇セントのアイスクリームと合わせて、「六〇セントの豪華な航海」と表現していたが、こちらは「三ボリビアーノの空中散歩」といったところか。

旅行者も地元民も三ボリビアーノを払えば、誰もが平等に優雅なひと時を楽しむことができる。ささやかな贅沢感に浸りながら、私は今日も三ボリビアーノの空中散歩を楽しむのだった。

12. 空中都市マチュピチュ［ペルー］

汽船が航行可能な湖としては、世界で最も標高が高い湖として知られるチチカカ湖を横目にボリビアからペルーへ入国した。一時間の時差が生じ、通貨が変わったくらいで、国境を越えてからの変化を感じられなかったが、しばらく歩くと家の壁などにペンキで描かれた「ＫＥＩＫＯ（ケイコ）」という日本風の名前を頻繁に目にするようになった。大統領選挙を目前に控えた時期であり、日系人のアルベルト・フジモリ元大統領の娘、ケイコ・フジモリ氏を支持するペイントだ。

ペルーはマチュピチュをはじめとするインカ時代の遺跡が有名な国だが、日本との関係も深い。日本が南米で初めて外交関係を結んだ国で、一八九九年にペルーへの移民が始まった。彼らは劣悪な労働環境と人種差別、風土病被害に耐え、血と汗を流しながら生きる場所を築いていった。努力と苦労を重ね、ペルー社会の中で日系人の地位を高めていき、ついには大統領を輩出するまでになった。現在では約十万人の日系人がおり、政治のみならず、スポーツや芸術など、さまざまな分野で日系人が活躍している。

数日後、かつてインカ帝国の首都だったクスコに到着した。クスコを侵略したスペイン人は数多くの建造物を破壊し、インカ人によって築かれた石積みの上にコロニアル調の建造物を建てた。

大地震がクスコを襲った時、スペイン人が造った建物は壊れたが、インカ時代に築かれた石組みはビクともしなかったという。石と石の間に「カミソリの刃一枚通さない」といわれる巧緻さで、パズルのピースのように隙間なく、きっちりとはまっている。

南米にはスペイン人によって造られた街はいくつもあるが、クスコの建造物はそれらと異なり、ヨーロッパとインカの建築技術が融合した美しい街並みだ。風情ある石畳の坂道を登った先にある宿に滞在した。高台からは旧市街を一望することができる。家々はオレンジ色の屋根と白壁で統一され、アルマス広場にある重厚な教会がポツンと突き出している。私がこれまで訪れた中で最も美しい街の一つだ。

クスコには一カ月半滞在し、ここを拠点に近郊の山々へ足を運び、トレッキングをして過ごした。これだけ長居すれば、それなりに土地勘も培われ、馴染みの店もできる。アルマス広場に近いトゥリュマヨ通りには数軒の食堂があるが、そのうちの二軒がお気に入りだ。共に三．五ソル（二一〇円）で、スープと数種類のメイン料理から一品選ぶことができる。日替わりのメニューは店によって異なり、食堂前に置かれた手書きのメニューボードを見比べた上で選ぶ。二軒の食堂は数十メートル離れているだけで、それぞれおじさんとおばさんが経営しているので、「おじさんの店」、「おばさんの店」と呼んでいた。看板娘のおばさんはいつも外に置いた椅子に座り、通行人に声をかけている。歌舞伎町のホスト顔負けの強引かつ巧みな客引きで、メニューを見比べる私も「ここで食べなさい」と誘われる毎日だ。さらに先にあるパン屋のチョコクロワッサンがお気に入りで昼食後に立ち寄るというのがクスコでの過ごし方だった。

一つの街に長く居れば顔見知りも増え、一日の流れも確立される。そんな何気ない日々は常日頃根無し草のような生活をしている私にささやかな喜びを与えてくれた。

ペルーと聞いて、多くの人が思い描くであろうマチュピチュへの起点となるのもクスコである。数ある世界遺産の中でも抜群の知名度と人気を誇り、一度は訪れてみたいと憧れを持つ人も多いはずだ。

だが私自身、マチュピチュへの思いはそれ程強くなく、観光意欲はあまりわかなかった。テレビやインターネットを通じ、マチュピチュの写真や映像が氾濫しているからだろうか。それらが脳裏に焼きついており、訪れる前から新鮮味が薄れているという情報化社会ならでは問題があるのだ。

さらには一五二ソル（約四八〇〇円）と入場料も高額だ。千円程度ならまだしも、観光意欲がわかない遺跡に払う入場料としては高すぎるし、遺跡へのアクセスも良いとはいえない。快適なのは観光の拠点となるマチュピチュ村まで列車で行く方法だが、最も安いクラスですら片道二一五ソル（約六八〇〇円）もするので話にならない。

この期に及んでもマチュピチュを訪れるのは消極的だったが、気持ちを上向かせたのが、サルカンタイ峠を経て、トレッキングをしながらマチュピチュを目指すルートだった。より大きな感動を得るには、目的地に辿り着くまでの過程が重要だからだ。

動力は使いたくないが、歩いてなら行ってもいいというのも、実に私らしいではないか。そうと決まれば話は早い。一週間分の食料とキャンプ道具をバックパックに詰め込み、マチュピチュへのトレッキングが始まった。

標高六二七一メートルのサルカンタイ峰を見上げながら、アンデスの草原を歩く。ソライパンパまでは車道があったが、ここから先はトレイルがあるだけで、移動手段は自分の足のみ。

サルカンタイ峠を越えてマチュピチュを目指すルートはメジャーではないものの、ツアーが催行されている。テントや食事はツアーが用意してくれるし、五キロの荷物までロバが運んでくれる。

ロバを雇う財力がない私の肩には衣食住のすべてを詰め込んだバックパックが食い込み、その重さが大きな負担となった。一週間分の食料やキャンプ道具の重量はゆうに二〇キロを超えている。それでも一歩一歩ゆっくりと足を進めていけば、次第にサルカンタイ峰が大きく迫ってきた。

標高四六三〇メートルの峠を越えると、氷河を抱いたサルカンタイ峰が目の前に聳え立ち、森厳なる空気に包まれている。その後はひたすら下りが続いた。高度を下げるにつれ、岩肌剝き出しの殺風景な景色が色彩豊かに彩られていく。色とりどりの花が咲き、木々が鬱蒼と茂り、やがて濃緑色のジャングルと化した。

この辺りはコーヒーの産地で、小さな赤い実をつけたコーヒーの木をよく目にする。コーヒーといえば苦みを連想するが、オリーブに似た小粒の果実を口にしてみると、ほんのりとした甘みが口の中に広がった。

温帯雨林に足を踏み入れるとバナナやアボカドの木を頻繁に目にし、東南アジアの密林を思わせる景色が続く。連日のんびりと歩いていたため、当初の予定より行程が遅れていた。今日こそは急ぎ足で進もうと思っていたのに、食料を確保せねばという使命感がメラメラと燃え上がり、大好物のアボカドを前に素通りできなかった。

トレッキング中はペースト状にしたアボカドをたっぷりと塗ったサンドウィッチが主食なのである。狙いを定めて石を投げ、五つのアボカドを手に入れた。

この朝出発したキャンプ場からインカ道の入口まで二〇分と教えられていたのに、アボカドや他の実を採っていたら二時間もかかっていた。こんなことをしているからどんどんと予定が遅れていくのだと自戒を込めて呟いた。

かつてインカ帝国にはインカ道という道路網が張り巡らされ、総距離は地球一周に匹敵する四万キロにも及んだという。この道で運ばれるものは物資だけでなく情報もあった。現代であれば、電話やメールで瞬時に情報を伝えることができるが、当時はインカ道に沿って約三キロごとにチャスキと呼ばれる飛脚が配置され、リレー形式で情報を運んでいたらしい。

インカ道を歩いてマチュピチュを目指すトレッキングツアーもあるが、人数が制限されているため、数ヵ月先まで予約が一杯の人気ツアーとなっている。ここは誰でも自由に行き来可能なインカ道だった。これまでの行程と比べ、高度が低いので酸素は薄くないが、とにかく蒸し暑い。汗腺から大粒の汗が噴き出し、全身汗まみれだ。水場が現れれば、頭から水をかぶり、爽快な気分になった。

山の中腹にテントを張った翌朝、正面に聳える山に築かれた人工物がうっすらと見えた。不意打ちを食らい、言葉を紡ぐことができなかった。砦のような石組みの建物と山の斜面には段々畑が見える。トレッキング六日目にして、ついにマチュピチュが姿を現したのだ。マチュピチュの背後には巨大なアンデスの山々が城壁のように連なっている。なんて壮大なスケールなのだろう。

文化庁クスコ地方支局によると、この年にマチュピチュ遺跡を訪れた旅行者は約一四〇万人らしい。そのうちの何人がここからマチュピチュを眺めただろうか。ここまで歩かないと見ることのできない景色を前に感動が静かに湧き上がってきた。

その後、山を下り、水力発電所に到着した。クスコからバスでマチュピチュを目指す人は、ここから線路上を歩いてマチュピチュ村を目指す。廃線ではなく、村へ向かう列車が時折通過していくので注意が必要だ。

多くの旅行者の中に紛れて歩くが、皆一泊二日程度の軽装備であるのに対し、キャンプ道具一式を詰め込み、膨れ上がったバックパックを背負う私の姿は異様だった。村へは約一〇キロ。旅行者たちは憧れの遺跡に胸を膨らませながら意気揚々と進んでいくが、私一人だけが鉛の靴を履いているかのように足取りが遅かった。荷物の重さに加え、ここへ至るまでの疲労が蓄積されていたので、朝から急峻な坂を歩いていたので、すでに疲労困憊なのである。さらには雨が降り始め、雨宿りのため足を止める。マチュピチュ村に到着したのは日没後のことだった。

マチュピチュ村は小さな村だが、マチュピチュ遺跡への拠点となり、旅行者向けのレストランや宿が軒を連ねている。かつては「熱い水」を意味する「アグア・カリエンテス」と呼ばれていたが、その名の通り、ここには温泉がある。

村に足を踏み入れた瞬間、どこか懐かしい雰囲気を感じた。山々に囲まれた長閑な村の中を川が流れ、その両側に建物が並ぶ景観は日本の温泉街を思い出させてくれるのだ。

それは決して気のせいではないのかもしれない。マチュピチュ村の発展に大きく寄与し、初代村長になったのは意外にも日本人なのである。福島県出身の野内与吉氏は一九一七年ペルーに移民、マチュピチュへの鉄道建設に携わり、マチュピチュ村へ移住した。野内氏は村に初めてのホテルを建設し、一部を交番や郵便局として提供した。ホテルを中心に村は発展していき、村人からの人望も厚かった野内氏は初代村長になったという。

日本から遠く離れたペルーで望郷の念に駆られ、祖国への思いが村づくりに影響しているのだろうか。情緒ある路地裏の石畳を歩きながら思いを巡らせた。

マチュピチュの遺跡を訪れたのは二日後のことだ。天気予報をチェックした上でチケットを事前購入したというのに、朝から糸のような細い雨が降っていた。なぜこのような天候の日に当たってしまうのか……。悪運と不正確な天気予報を呪いたくなる。

早朝にもかかわらず、入場ゲートは多くの人で溢れ返っていた。まずは一時間半をかけて遺跡を見下ろせるマチュピチュ山に登るが、深い霧が周囲を覆い隠し、視界不良で何も見えなかった。山頂では多くの観光客が地面に座り込み、マチュピチュが姿を現すのを待っている。

少しずつ霧は晴れていき、周囲の谷や遺跡を囲む濃緑の木々が見えたが、新たな霧が次々に流れ、焦らすかのように視界を遮った。遺跡が見えそうになると、皆が一斉に立ち上がり、大きな歓声が上がるが、すぐに「あーあ……」と風船が萎むような溜息へと変わる。私たちの心を弄ぶかのように、マチュピチュはなかなか姿を現さない。ここには世界各国から集まった百人程の旅行者がいたはずだが、私たちの思いは「マチュピチュを見たい」というただ一つだけだった。

「マチュピチュなんか興味ないいんだよね」とクールに語っていた私もいつの間にかマチュピチュに憑りつかれていた。そんな心変わりに笑いを禁じを得ない。プライドを捨てた私は願い続けた。

「興味ないなんて言ってごめんなさい。お姿を拝見したいです、マチュピチュ様」

このまま見ることができないのではないかと最悪の展開が頭をよぎり始めた時だった。

「うわあああああっっ」とひときわ大きな歓声が上がり、ついにマチュピチュが姿を現した。

標高二四〇〇メートルの山に築かれた遺跡が霧の中にうっすらと浮かび上がる姿は空中都市の名に劣らない幻想的な景色だ。目の前に現れた本物は想像を遥かに上回った。心が震え、ピリピリと微かな振動が肌に伝わってくる。

この部分を切り取った景色は定番だが、アンデスの大パノラマに調和した遺跡のスケールは、この地を訪れ、自分の目で見ないと感じられないだろう。何よりマチュピチュを目指して歩いた六日間、霧が晴れるのを待ち続けた時間など、さまざまな要因が重なることで視覚を上回る経験とインパクトを得られるはずだ。

二十一世紀の現代において、冒険の舞台になるような地理的空白は地球上に残されていない。世界中のありとあらゆる場所にテレビカメラが入りこみ、容易にその映像を目にすることができるが、世界にはたくさんの未知が残されていることに気付かされた。

多くの旅行者で溢れ、既視感があったマチュピチュも実際に訪れて目にしない限りは「未知」に違いなく、足を踏み入れていない場所は冒険の舞台になりえるのである。

13. 砂漠のレストラン［ペルー］

クスコに別れを告げた後は約六四〇キロ離れたナスカを目指す。標高三四〇〇メートルのアンデス山中にあるクスコに対し、ナスカの標高は七〇〇メートルである。単純に二七〇〇メートルの高低差を下るのではなく、上っては下りを何度も繰り返し、いくつもの峠を越えていかないといけない。

チリでは一日で一七〇〇メートルを上ったこともあったし、サン・ペドロ・デ・アタカマからボリビア国境への過酷な上りも経験済みだ。さすがにあれよりきついことはないだろうと考えたら、肩の力が抜け、ずいぶんと気持ちが楽になった。これまで積み重ねてきた経験が弱気な自分を勇気づけてくれる。

クスコを発ち、二〇〇〇メートルまで高度を下げると、じりじりと強い日差しが照りつけ、暑さを感じ始めた。周りを飛び回る黒い小虫は吸血虫で、刺されると猛烈な痒みに襲われる。足を動かしながら、片手で小虫を追い払う。

顔を上げると山肌に道がへばりついているのが見えた。延々と続く上りは楽でないが、きつくて足を止めるほどでもない。標高三〇〇〇メートル超の高地で三ヵ月も過ごし、アンデス山脈を歩いてきたことは大きな自信になっているようだ。

しかし標高四〇〇〇メートルの峠を越え、小さな達成感に浸るのも一瞬のこと。今度は谷底に呑み込まれるように下り坂が続いていた。遥か下にアバンカイの町が見えた時は、「ウソだろ、あそこまで下るのか……」と青ざめた。

この先四〇〇〇メートル超の峠がさらに二つ待ち構えている。高度を下げたら下げた分だけ再び上らないといけないので、できることなら高度を下げたくなかった。こつこつと地道に貯めてきた貯金を一気に使い果たすかのようで憂鬱な気分にさせられる。ここから延々と五〇キロ超も下りが続いた。結局一九五〇メートルまで高度を下げた後、一転して四五〇〇メートルまで高度を上げる。

ボリビアのラグーナルートは無人地帯だったが、ここには標高四五〇〇メートルの高地で暮らす人たちがいた。点在する集落を遠くに見ることができ、アンデスの大地には地上絵のような模様が描かれていた。「あれは一体なんだろう」と、目を凝らしてよく見ると、家畜であるアルパカの囲いが石を積み重ねて造られている。丸円や楕円形など、さまざまな形の囲いがアンデスの大キャンバスに描かれているのだ。さすがはインカ帝国を築いたインディヘナの末裔だ。インカの石材建築は有名だが、石の文化は今尚受け継がれ、人々の生活の中で生き続けていた。

高度を上げるごとに空の青は濃さを増していく。白い雲が漂う大きな空の下、地平線へ向けて伸びる一本の道を歩き続ける。空が近く、雲が手に届きそうに感じられた。見渡す限り荒涼とした景色が広がり、風の音がそっと耳をかすめていく。

時折ビクーニャが姿を現した。パタゴニアでよく目にしたグアナコのような外観の動物だが、頸の下に長い毛を有している点がグアナコとは異なる。じっとこちらを凝視しているが、警戒心が強く、私との距離が縮まると、すぐに荒野へ駆けていく。

標高四四〇〇メートル地点にテントを張ると、夜間の冷え込みは厳しく、朝の気温は氷点下一〇度だった。快適睡眠温度が氷点下一四度という寝袋を持っているが、六年も使い続けるうちに、羽毛が抜けてしまい、保温力は低下している。ただでさえ酸素が薄く、寝苦しい夜なのに寒さで何度も目を覚まし、熟睡できたとは言えなかった。一夜明け、ダウンジャケットにニット帽、手袋を装着し、「よしっ」と軽く気合を入れて外へ出る。寝袋から這い出る時は躊躇するが、ひんやりとした冷気に触れてしまえば、すぐに体は順応し、なんてことない。テントに張り付いた霜を払い、新たな一日が始まる。

大気は乾燥して冷たいが、強い日差しが照り付けてくるので、ちょうどいい按配だ。しかし次第に雲が空を覆い、陽差しが遮られた。「雲行きが怪しい」と思った途端、冷たい風が吹き、パラパラと雪が降り始める。

そんな時、前方からやって来る欧米人サイクリストの姿があった。すれ違いざまに手をあげて挨拶を交わしただけで風のように走り去っていったが、両親と子供二人の家族四人で二人乗り型の自転車に父と次兄、母と長兄はそれぞれの自転車に乗っていた。

予想外の遭遇だったが、このような家族旅行の形もあるのだなと驚かされる。幼い子供を伴っての自転車旅行は、おそらく彼らの国でも普通のことではないだろう。自分一人だけなら、すべての責任を背負うことができるが、子供たちを危険に巻き込む可能性はゼロではない。ここはヨーロッパではなく、南米、ペルーなのだ。

しかしリスクはあるが、旅を通して子供たちは大きなものを得られるはずだ。異文化に接し、さまざまな環境下で暮らす人たちと出会い、大自然に触れることはもちろん、自分の足でアンデス山脈を越えたという経験は、これから長い人生を歩んでいく上で大きな自信を与えてくれるに違いない。アンデスの大地に包み込まれていく小さな背中を見つめながら、「頑張れよ」とエールを送る。

ナスカに到着したのはクスコを発ってから十二日目のことだった。アンデス越えの疲れを癒すべく、ゆっくりと一日の休養をとった。

ナスカの町を抜けると、見渡す限り何もない乾いた景色が続いた。無人の荒野に「ブゥゥゥン」とエンジン音が響いたので、空を見上げると、町から飛んできたセスナが上空を旋回し始めた。その後、町へと戻り、新たなセスナが飛んでくる。かの有名なナスカの地上絵がここにあるのだ。

セスナには乗らなかったが、町から北へ二五キロ離れたところに展望塔があるので立ち寄った。高さ一四メートルの展望塔に登ると、広大な大地に描かれた地上絵の「手」と「木」を見ることができる。

道路の両側に地上絵が広がっているというより、道路が地上絵の中を貫いていると言った方が正しいだろう。地上絵発見以前にパンアメリカン・ハイウェイの建設は進んでおり、地上絵の一部はハイウェイにかき消され、消滅したらしい。

地上絵は地表の岩を取り除くことによって描かれている。地上からも線を見ることができるが、少し大きな轍という感じで、何が描かれているかを判別することはできない。展望塔から地上絵を眺めただけで、太古のロマンにどっぷりと浸れるほど想像力豊かではないが、巨大な地上絵をどのような手段で、何を目的に作られたのだろうと想像は膨らむ。

さらに海岸線を北上し、首都リマで二十日間、足を休めた。その後リマを離れると、喧騒に包まれた大都市から無人の砂漠地帯へと世界が変わり、二本の分離道路が、どこまでも伸びていた。砂漠地帯では朝の数時間は灰色の雲が空を覆っているが、決まって昼前から青空が広がり始める。

数十キロおきに町が現れる。あとはたまに集落がある程度で基本的には何もない。車通りが途絶えると、不安が胸の中に広がり、息苦しくなった。ペルーも治安が良い国ではない。ここは危険地帯でないはずだが、徒歩旅行者など狙おうと思えば簡単に狙えてしまうのだ。前方数百メートルのところで突然車が停車したり、男が一人で砂漠を歩いていることもあったが、そのたびにドキリとさせられる。

そんな時、前方を歩く四人の男の姿があった。藍色の服を身に纏い、大きな十字架を抱えながら歩いている。

「どこへ向かっているの？」と訊くと、「チリ国境からペルー北部のアヤバを目指しているんだ」と彼らは言った。全行程二五〇〇キロ、一日五〇キロを歩く巡礼の旅だ。ペルーにこのような巡礼があるなんて知らなかった。

試しに十字架を持たせてもらったが、見た目以上にずっしりと重く、上腕二頭筋に力が入る。縦三メートルはある十字架の下部にはローラーが取り付けられているが、これを引きながら歩くのはかなりの重労働だろう。

不真面目な私はベニヤ板や発泡スチロールで作ったら、軽くて楽なのにと思い、この藍色の巡礼衣装を着て十字架を持てば隠れ蓑になり、この先に待ち受ける危険地帯で強盗に襲われないのではないかと考えた。そして「巡礼」という響きに憧れた。

私は仏教徒であるという強い自覚があるわけではないが、仏教行事に参加したり、無意識のうちに宗教行為を行っていることがある。しかし手を合わせて祈り、信仰するという日々の習慣がないからか、宗教は遠い存在で漠然としたものでしかない。それだけに強い信仰心を持ち、歩き続ける彼らに対し、畏敬の念を抱いてしまうのだ。長い旅路の終わりには、何が待ち受けているのだろう。彼らは何を思い、何を得るのだろう。

クレメンテと名乗る男性に声をかけられたのは二日後のことだ。いつものように砂漠地帯を黙々と歩いていた時、一台の車が止まり、「どこまで歩いているんだ?」と尋ねられたのが彼との出会いだった。ハンチング帽をかぶった七十代くらいの男性で、でっぷりとした息子が車を運転していた。

「エクアドルを目指して歩いています」

「そうかい。この先に家があるからもしよかったら寄ってくれよ」

クレメンテさんは、お菓子の差し入れと一緒にクシャクシャのレシートの裏に住所を書いて渡してくれた。住所といっても、一キロ歩くたびに道脇に現れる距離標の数字であり、「三四七キロ」と書かれている。

その後二日間歩き続け、三四七キロ地点が近付いても景色に変化はなく、延々と砂漠が続いているだけだった。村や集落が現れそうな気配はない。「こんなところに何もないんじゃないか」と思い始めた時、陽炎が揺らめく褐色の大地に建物らしきものが見えた。蜃気楼ではないかと目を疑ったが幻覚ではない。まるで砂の海にポツンと浮かぶ孤島のようだ。

渡された紙にはレストランと書かれていたが、砂漠のど真ん中という辺鄙な場所なだけに半信半疑だった。しかし三四七キロ地点にある建物は確かにレストランで、この砂漠を行き来するドライバー向けのものらしい。

「よく来たな」とレストランを経営するクレメンテさん家族は温かく迎えてくれ、ここを訪れた旅人が書き残したゲストブックが渡された。

「一体どんな人たちがこのレストランを訪れたのだろう」と表紙をめくった瞬間、全身に稲妻が走ったかのような衝撃を受けた。血の気が引くかのような心地の後、ゾクッと鳥肌が立つのを感じた。

「今年一月二八日にコロンビアのサンタ・マルタを出発し、徒歩で南米を縦断中です。あと十日でリマ。その後はクスコ、プーノを通ってボリビアに抜けます。ゴールはもちろんウシュアイア。ザックを背負って歩いている男がいたら呼びかけて下さい。それでは、!Feliz Viaje!　一九九〇年八月十六日　池田拓　二四才」

一ページ目にあったのは一九八八年から三年近くをかけて北米大陸と南米大陸を徒歩で縦横断した池田拓さんの書き込みだった。世界を徒歩で巡ることを夢見ていた十年前、徒歩行の前例について調べていた時に彼の名前を見つけた。帰国後に仕事中の事故で他界されているので面識はないが、まさかこういう形で彼の旅の軌跡に触れ、私たちの旅が重なり合うなんて思っておらず、運命的なものを感じた。

二六年前にこのレストランを訪れていたのか……。驚きと感動で言葉を失い、予想外の展開に呆然としていたら、横から声がかかった。

「二人のサイクリストとすれ違わなかったか?」

「女性二人なら昨朝見ましたけど」

「彼女たちもここに寄ったんだよ」

そして魚のフライがテーブルに運ばれ、食べるよう促された。クレメンテさんの善意により、ここを訪れるサイクリストや徒歩旅行者に無償で食事を提供しているらしい。

レストランを訪れた旅人が書き込んだゲストブックは四冊あった。数ページめくると、南米大陸南端から人類発祥の地タンザニアまで人類の足跡を逆ルートから遡る旅をした「グレートジャーニー」の関野吉晴さん、さらに読み進めていけば、チリの南端に位置するプンタ・アレナスからイギリス・ロンドンまで徒歩のみで目指しているイギリス人冒険家カール・ブッシュビーによる書き込みもある。カールは私が最も尊敬する冒険家の一人だ。

徒歩に自転車、ランニングなど、旅の形はさまざまだが、このレストランは砂漠を人力で旅する人たちのオアシスであり、四半世紀もの間、ずっと見守り続けていた。そしてゲストブックには数々の歴史とドラマが刻まれていた。

「君もここに何か書き残していってくれよ」とクレメンテさんは言い、私はここを訪れた九六三番目の旅行者となった。徒歩による南米大陸縦断という狭い世界ではあるが、その系譜に自分の名前が刻まれたかのようで、誇らしく、気分が高揚してくる。

「ムチャス・グラシアス」

クレメンテさんに感謝の気持ちを伝え、再び砂漠の一本道へと戻った。


「見慣れた（と言っても変化はあるが）景色の中を歩き、坂を登ると、どっと遠くまで続く直線。そしてレストランらしき建物。右には坂の前から海が遠くに見える」

「オッサンは日本人の自転車やバイクの旅行者が書いたノートをオレに見せてくれた（中略）ここで食ったロモ・サルタド・コン・アロス＋テ（ロモサルタードという焼肉料理にライス＋お茶）は無料」（『南北アメリカ徒歩縦横断日記』無明舎出版）

池田さんの死後、彼の日記を元に出版された遺稿にも、この砂漠のレストランや当時の情景が描かれている。

池田さんがここを歩いてから二六年、時代は変わり、さまざまなものが発展してきたけど、この褐色の世界は何も変わっていないはずだ。池田さんが見た景色を私も目にし、同じ道を歩いている。そんなことが無性に嬉しく思えた。もちろん砂漠を往来する旅人たちに救いの手を差し伸べてくれるクレメンテさんと出会えたことも。

延々と続く砂漠は退屈だが、ここを歩く池田さんの姿をイメージすると、すっかり見慣れた景色も新鮮に思え、心なしか力がみなぎってくる気がした。

14. ワラスへ ［ペルー］

マチュピチュにナスカの地上絵、スペイン統治時代のコロニアル様式の建物……。私が抱いていたペルーのイメージはインカ時代の遺跡や古い町並みだったが、この国で数ヵ月を過ごしているうちにそんなイメージは覆された。

それ以上に心を奪われたのはアンデスの美しい山々だった。クスコ滞在中は近隣の山へ出かけ、トレッキングを楽しんだ。歩行ルート上にも砦のように大きな山が立ちはだかる。クスコからナスカまでアップダウンを繰り返しながら、四〇〇〇メートルの峠を三つも越えた。

ナスカからは首都リマを経て、沿海部を北上していた。単調な景色が延々と続く砂漠を歩きながら、頭の中にあったのはワスカラン国立公園のことだった。

三週間前、リマに滞在していた時、キャンプ道具をバックパックに詰め込み、バスでワラスを訪れた。ワラスはリマの北四四〇キロのところに位置し、ワスカラン国立公園を訪れる拠点となる町だ。

迫力満点の氷河を抱いた山や美しい湖が次から次へと現れ、ワスカラン国立公園でのトレッキングは何度も溜息を漏らす素晴らしいものだった。サンタ・クルス谷という最も人気のあるルートを歩き終えた後、ワラスへ戻るために乗り込んだミニバスは曲がりくねった山道を上っていった。

そして峠を越えた瞬間、舞台の緞帳が上がったかのように目の前に信じられないような絶景が現れた。秘境と呼ばれるアクセス不便な山奥ならまだしも、車が往来できる場所にこんな絶景があるなんて……。ゴクリと唾を飲みこんだ後、身を乗り出して車窓の景色に釘付けになった。一瞬にして感情の熱が高まり、体の芯まで熱くなっていく。

「ここで下りるから止めてくれ」と何度思っただろうか。ギリギリのところで口をつぐんだが、流れていく景色を目に焼きつけながら、「今度はリヤカーと一緒に訪れてやろう」と密かに誓った。

ここで目にした景色は私の心をがっちりと摑むくらいに魅力的であり、是が非でも再訪したかったが、問題が一つだけあった。沿海部との間に立ちはだかる大きな壁、アンデス山脈である。

その後、リマへ戻った私はリヤカーを引いて再び歩き始めた。リマの北に位置するパラモンガにワラス方面への分岐がある。ここから東進し、ワラスへ向かうつもりでいたが、進路を変えることができなかった。

理由は単純明快で、海抜〇メートルから四七五〇メートルの峠を目指すのは、とても難儀に思えたのだ。ワラスに行かなければ、平坦な海岸沿いを楽に歩けるのだから、天と地の差があるといっても過言ではない。

クレメンテさんのレストランから三〇キロ北にあるのがカスマだった。太陽が西に傾き始めると、砂漠は黄金色に染まり、アスファルトに投影された影がどんどん長くなっていく。やがて町が近付くと褐色の大地に巨大な緑が現れた。まさにオアシスと呼ぶにふさわしい景色だ。

町の手前には巡礼グループがいて、道路を走る車に手を差し出し、寄付金を集めていた。先日出会った巡礼者とは異なるグループだ。歩いている私の存在に気付いた男性が優しく微笑みながらバナナを渡してくれたが、丁重にお断りする。彼らはお金だけでなく、食べ物も人々に与えられている。そんな巡礼者から施しを受けるわけにはいかない。その温かな気持ちだけで十分だった。

翌朝、北を目指して歩き始めたが、五キロ歩いたところで足を止めた。カスマもワラス方面への分岐の町である。進路を東に変え、ワラスを目指すなら、ここが最後のチャンスになるのだ。

「ワラスに寄ることなく、このまま北上して後悔しないだろうか」と考えてみた。路上に立ち尽くして考えること一〇分、脳内では激しい攻防が繰り広げられていたが、悩んだ末にやはり引き返すことを決めた。

アンデス山脈を越えるのがきつそうという後ろ向きの理由でワラス行きを断念するのは許せない気がしたのだ。同じ諦めるでも、何もせずに諦めるのと、挑戦した結果、諦めるのとでは意味合いが全然違うはずだ。

ワスカラン国立公園は私がこれまで訪れた場所の中で最も美しいところだった。いつか旅を振り返り、「どこが一番の絶景だった?」と尋ねられた時、「ワスカラン国立公園」と堂々と答えたかった。自分の足でトレッキングをしたとはいえ、ワスカラン国立公園を訪れたのはバスという動力を用いてのものだった。やはり私の場合、歩いて訪れないと意味がないという思いが強いのだ。それにリヤカー引きとしての意地もある。あの道を相棒と共に歩きたかった。

出発したばかりの宿に戻り、ここで一日休むことにする。アンデス越えに備えて食料を購入し、今後のルートを再考して過ごした。翌朝気持ち新たに歩き始めると、巡礼グループと町外れの路上で再会した。彼らはこの朝も寄付金集めをしていた。

「そっちは北じゃないよ。どこへ向かってるんだい？」と尋ねる彼らに、「ワラスに行きたくなったんだ」と私は微笑んだ。

分岐を曲がり、ワラスへと至る道を歩き始めた。パンアメリカン・ハイウェイと比べ、路肩は狭くなったが、交通量も少ないので問題はない。しかしアンデス山脈越えという大仕事を前に体調が万全ではなかった。咳が止まらないし、体は倦怠感に包まれ、吐き気もある。思ったよりも勾配がきつく、足を止める回数が増え始めた。

いつもならもっと頑張れるはずなのに……。これまで築き上げてきた自信がグラグラと揺らぐ。「全然ダメだな……」情けなさを感じながら、道脇にしゃがみ込んで休憩をとった。額からぽたぽたと落ちる汗がアスファルトに黒い点をつける。

それでも歩き続けたが、前方に屹立する山の上部に道が這っているのを見て戦意喪失。今の体調でここを越えるのは厳しいと思い、正午前ではあったが、早々に歩行を終え、川の側にテントを張った。心身共に衰弱しているからか、テント内でコーヒーを思い切りぶちまけてしまい、インスタントラーメンの調味料を入れ忘れたり散々だった。

一夜明けても依然体は重く、倦怠感があった。この体でさらに二〇〇〇メートルも上り、ワラスに辿り着けるのだろうかと不安を覚える。

「諦めることはいつでもできる」

困難に直面した時、いつもそんなことを考える。「時間がかかってもいいから、ゆっくり一歩ずつ進んでいこう」と自分に語りかけた。私にできることは、それ以上でも以下でもなく、目の前の一歩を着実に刻んでいくだけなのだ。それができなくなった時は諦めたらいい。諦めることは一秒でできてしまう、最も簡単な選択肢なのだから。改めて自分に言い聞かせ、新たな一歩を踏み出した。

最初の村を越えたところで勾配は落ち着き、昼前に現れた食堂で昼食をとった。辺鄙な場所ではあるが、食堂の前にはメニューボードが置かれ、「今日のメニュー」が書かれている。魚フライ、チキンなど四種のメニューがあり、私はチキンを選んだ。

食事を終えて、外へ出ると、食堂の主人がクイという食用ネズミの血抜きをしていた。喉元にナイフがあてられ、鮮血が洗面器の中に滴り落ちる。毒々しいくらいに鮮やかな深緋色だ。さっきまで元気に動いていたクイは手足をピクピクと痙攣させた後、動かなくなった。

主人はクイの体毛を毟り始めた。おこぼれにありつこうと犬が尻尾を振り、近付くのを眺めながら、私は思考を巡らす。

「生きる」と「食べる」は背中合わせであり、それらの行為を切り離すことはできない。しかし、人間が生きるために食べることを前提として動物に新たな生命を宿らせ、成長させ、そして屠殺するのは生命への冒瀆に思えるし、不条理な話だ。狩猟民族や北極圏のイヌイットのように自然の中で生きる野生動物を捕って食べる「弱肉強食」の世界とは意味がまるで異なる。

だからこそ私たちは食事の前に手を合わせ、食事に携わった人、そして食材に対し、「いただきます」と唱える。しかし、その「いただきます」が形だけのものになっていないだろうか。心からの感謝の気持ちを込めているだろうか。人が生きるために動物の命を奪っている現実を目の当たりにしたあとでは、「いただきます」という言葉の持つ意味はこれまでとは違って胸に響いた。

体調不良に苦しみながらも私はアンデスを歩き続け、上り続けた。そしてカスマを発ってから四日目の朝、目の前にブランカ山群が現れた。ペルー最高峰ワスカラン、名峰アルパマヨなど、美しき氷雪峰が連なっている。

この峠の先にどんな感動があって、どのような感情を得られるのかを楽しみにしていたが、涙を流すことはなかった。ここにブランカ山群が現れることを知っていたし、すでに一度ワラスを訪れ、ワスカラン国立公園の絶景を目にしていたからかもしれない。しかし、幾度となく葛藤を重ねながらも歩き続け、峠を越えたことは嬉しかったし、自分に負けることなく、やり切ったという手ごたえは確かにあった。

クネクネと折り重なった道を放牧へ向かう家畜の群れが歩き、眼下にはうっすらとワラスの町が見えた。次第に大きくなっていく町を眺めながら、私は坂道を駆け下りていった。

15. 世界で最も美しい道 ［ペルー］

標高四七〇〇メートルの峠で迎える朝は寒い。テントから顔を出すと、ピンと張り詰めた冷気が肌に触れた。一瞬にして眠気は覚め、歯をガタガタさせながら「寒い……」と呟くと、口からもわっと白い息が漏れた。

夜明け前のアンデスは青白く、ペルー最高峰ワスカランとチョピカルキの黒い影が浮かんでいる。山の神が着座し、瞑想しているかのように厳かな空気が漂い、重厚感がある。さらによく見えるところに移動しようと思ったが、強風が唸りながら激しくテントを揺さぶった。テントが飛ばされかねないので、おとなしく寝袋に入ったまま山を眺める。

やがて太陽が昇り始めると山の頂が淡い朱色に染まり、時間と共にじわじわと朝の色に塗り替えられていく。テントを片付ける頃になると濃青の空と眩いくらいに白い氷河のコントラストが私を引き止めた。放心したようにうっとりと見惚れてしまう。ここに留まって景色を楽しみたいところだが、先へ進まないといけない。ワラスを発ってから三日目、新たな一日が始まった。

野営地のすぐ近くには徒歩旅行者が恐れるものがあった。カナダではクマ、ザンビアではゾウに恐怖し、パタゴニアでは強風、アンデス山脈では上り坂に苦しんだ。時に人も怖い存在になるが、一日の大半を路上で過ごす私が最も恐れるべきは車であり、視認性が悪く、道幅が狭いトンネルである。幸いここまでの六万キロを無事故で歩いてきたが、薄暗いトンネルでは事故発生率が跳ね上がるはずだ。

全長約一・四キロのトンネル内に灯りはなく、真っ暗だった。遥か遠くの出口から差し込む光が小さく見える。終わりが見えないことは人を不安にさせる。希望の光というには大袈裟だが、長い闇の「終わり」が見えることで、心に平穏と余裕をもたらしてくれた。

ヘッドライトに加え、リヤカーの後部にも赤色灯を装着して点滅させる。こんな旅をしていたらリスクを最小限にして自分の身は自分で守るしかない。トンネルはもちろん、日没後の歩行に備えて赤色灯を携帯しているのだ。

歩道はないので車道を歩く。いや、「歩く」などと悠長なことは言っていられない。一分一秒でも早く、ここから抜け出したかった。車が来ないか、何度も後ろを振り返りながら、光を目指してトンネルを全力で駆ける。「ダダダダダッ」という靴音がトンネル内に響き、天井からポタポタと滴り落ちる水滴がひんやりと冷たかった。

川端康成の『雪国』の冒頭が脳裏に深く刻まれているからか、トンネルや峠を越えた先にある景色は楽しみなものだ。

出口の光は徐々に大きくなっていき、そしてついにトンネルを抜けた瞬間、光の矢が降り注いできた。光に目が慣れると新たな景色が目に入った。トンネルの先には私の期待を裏切ることなく、迫力ある氷河を抱いた尖峰が待ち構えていた。

「すごいわ……」ワスカラン国立公園を歩き始めてから、飾り気のない陳腐な言葉を呟くのは何度目だろう。なだらかな稜線は肩を描き、ぽこっと突き出た鋭いピークが顔に見える。まるで人間のようだ。荒々しい岩山は真っ白な氷河を身に纏い、気品と厳かな雰囲気を醸し出し、魂が宿っているような神々しさがある。

トンネルを抜けた後は一転して下り坂が続いた。新たな景色が次から次へと現れるが、心が強く揺さぶられることはなくなった。まったくもって贅沢な話だが、すでに絶景を堪能しすぎているので、お腹いっぱいなのだ。

めったに食べられないからこそ、極上の一品に感動して舌鼓を打つことができる。それと同じように、こんな絶景が延々と続けば、感動は薄れ、感受性が麻痺してしまうのだ。美味しいものも、美しい景色も、食べ過ぎず、見過ぎず、八分目くらいがちょうど良いのかもしれない。

サン・ルイスという町の手前で未舗装路に変わった。車がやって来るたびにもうもうと土煙を上げていく。そしてまた一台来たなと思ったら、いつも通りすぎていく地元民の車ではなかった。車体にたくさんのステッカーが貼られたオフロードカーである。

南米大陸では旅行者のキャンピングカーやオフロードカーを何度も目にした。フランス、スペイン、オランダ、オーストリアなど、欧州各国の車が主だが、私が見た限り最も多いのがスイスナンバーの車だ。

この車のナンバーはというと、EUのナンバープレートとは異なり、ロシア国旗が描かれ、「RUS」というステッカーが貼られていた。ロシアナンバーの車を見るのはロシアを歩いた時以来である。経済的事情やお国柄もあるのかもしれないが、旅先でロシア人のしさを覚えた。

旅行者と会うのは稀で二、三度くらいだろうか。まさかのロシア車に驚くのと同時に懐か

「せっかくなので止まってくれないかな」と思ったが、願い届かず、無情にも素通りしていった。しかし、その先の橋が通行規制されており、車はそこで停止した。再び動き始めようとしていたタイミングだったが、「このチャンス逃すものか」と車を目指して走った。これがスイスナンバーならここまでしていなかったが、ロシアナンバーであることが私を駆り立てた。

なんとか追いつき、運転席に手を振ると、ウィンドウが下げられ、優しい顔をした男性が微笑んだ。白い髭を生やした五〇才くらいの男性はウラジミールと名乗り、妻のニーナさんと旅をしている。「プーチン大統領と同じ名前ですね」とくだらない反応をしてしまったが、冷血漢の大統領とは違い、穏やかな感じの男性だ。

私も自己紹介をし、日本人であることを伝えると、「私たちは日本から近いウラジオストクに住んでいて、この車もかつて日本で走っていた日本車なんだよ」とウラジミールさんは笑った。「見てごらん」と彼が指差した先には車庫証明のステッカーが張られ、登録

地は徳島県だった。

魔法瓶からカップにコーヒーを淹れてくれ、しばし会話を楽しんだ。これまでも車で旅をしていたらしく、車体には欧州各国のステッカーが貼られている。ウシュアイアから南米大陸の旅を始めた彼らはアメリカを目指しているらしい。互いのルートやロシアを歩いた時の思い出を語り合った。英語とスペイン語、たまにロシア語の単語が混ざり合う奇妙な会話だ。

ウラジミールさんとの出会いは、日本人とロシア人がアンデスの山中、普通の旅行者が訪れない辺鄙な場所で出会うという、かなり珍しい状況だ。しかも私が走って追いかけたから彼らと出会えたわけで、あそこで走らなければ私たちの人生が交わることはなかったはずだ。いくつもの要因が重なって生まれる出会いは不思議で面白いものだと改めて思う。

それと同時に思い出したのはロシアを歩いていた時の日々だ。日本との間に領土問題を抱え、欧米や近隣諸国とも軋轢が生じている国である。極寒の気候も相まって、冷酷冷徹という印象を抱いていたが、出会った人たちとのエピソードを思い返すと、何度も親切を受け、とても温かな国だった。

当時の私にとってユーラシア大陸横断という挑戦は冒険的だった。徒歩行の経験やアウトドアの知識がない中、広大なユーラシア大陸を歩き抜けるか不確かだったし、不安要素も少なくなかった。それに比べたら六万キロという経験を積んだ今、南米大陸を歩くことなど、難しいものでないのかもしれない。

しかし、そうは言っても標高四七〇〇メートルの峠を越えるのは容易ではない。「もうこれ以上、下らないでくれ」と祈り続けたにもかかわらず、トンネルを抜けた後は結局標高二五〇〇メートルまで高度を下げた。おまけにデコボコガタガタの悪路である。大きな石に車輪が何度も引っかかり、深い砂にタイヤが沈み込んだ。ここから標高四七〇〇メートル地点まで本当にいけるのだろうかと不安を覚えるが、やるしかない。歩くしかないのだ。

バケリアに到着したのは翌朝のことだった。サンタ・クルス谷トレッキングの起点となる場所で、商店と数軒の家がある小さな集落だ。色鮮やかなアウトドアウェアを身に纏った数人の欧米人がトレッキングに備えている。

前回ワスカラン国立公園を訪れた時は、ここでトレッキングを終えていた。ここから先の景色はミニバスで移動した際に眺めており、アンデスに戻ろうという衝動に駆らせたあの絶景が待ち受ける。

前方から欧米人サイクリストのカップルがやって来た。「この先の景色は素晴らしいよ」と彼らは興奮冷めやらぬという感じで声を上ずらせた。誰もが魅了される景色がこの先にあるのだ。

しばらく歩くと氷河を抱いた山が姿を現し始めた。足を止めるにはまだ早い昼過ぎではあったが、悠然と鎮座するチョピカルキを拝める場所にテントを張る。普段は歩けるだけ歩いて、がっつりと距離を稼ぐ毎日だが、風光明媚な場所ではキャンプを思い切り楽しむのだ。時間に縛られることなく、好きなところにテントを張って自由に過ごせばいい。歩き旅の特権であり、我ながら贅沢な生活だと思う。

しかし、目の前に広がる雄大な景色にうっとりしながらラーメンを食べ、コーヒーを飲もうと目論んでいたのに、先ほどまでの青空はどこへやら。次第に雲行きが怪しくなっていき、目の前のキャンバスは鮮やかな水彩画からモノクロームの水墨画に変わった。煙のような靄が山を呑み込み、パラパラと降り始めた雨は雪となった。吹き付ける風は冷たく、一気に寒さが増し、私は寝袋に潜り込んだ。

一夜明け、チョピカルキを眺めようとテントから顔を出すが、重々しい朝の霧が周囲を覆い、何も見えなかった。視界不良の中、車一台分の幅しかない山道を歩くことに不安を覚えたが、もともと交通量の少ない道である。早朝ということもあり、峠を越えるまで一台の車もやって来なかった。

やがて、ゆっくりと霧が流れていき、太陽が乳白色の中に淡く滲んだ。ほんの一瞬ではあるが、一条の光がスポットライトのように周囲を照らし、山々を見渡せる見事な景色が現れる。そしてすぐにまた霧が視界を覆うということを何度か繰り返した。周囲の景色や状況がつかめないまま、黙々と歩き続けること二時間。ポルタチュエロ峠に達したのはカスマを発ってから十二日目の朝だった。

四七六七メートルの峠は霧が白い幕となり、景色を隠していたが、このまま何も見ずに下るわけにはいかない。熱を帯びて汗ばんだ体は足を止めた途端、吹きつける風に体温を奪われて冷え始めた。私は覚悟を決めて防寒ジャケットを着込み、霧が晴れるのを待つことにした。

寒風に耐えながらじっと待つこと一時間半、少しずつ霧が流れていき、視界が徐々に開けていく。それと同じように、じわじわと興奮が押し寄せ、歓喜の熱が身体中に広がっていった。

そしてついに、ワスカランが姿を現した。右に目をやるとワンドイ、ピスコ、チャクラフという六〇〇〇メートル級の山々が連なり、吸い込まれるような青空に真っ白な氷河が映える。

眼下には絵の具を溶かしたようなターコイズブルーのヤンガヌコ湖を見下ろせ、山の斜面に

ついに辿り着いた世界で一番の絶景

はジグザグの道が幾重にも折り重なっている。天国への階段と形容するにふさわしい九十九折の道だ。

目の前には一八〇度、どこを見ても心が震えるような絶景が広がっていた。言葉では表現できない雄大な景色を前に熱いものが込み上げ、涙が滲んだ。「本当に戻ってきたんだ……」この景色を見るために、この道を歩くために、峠を三つも越えてきた。大きく遠回りすることになったが、苦労を重ねた分、格別の景色だった。

ここまで世界を歩くこと約六万キロ。

そんな六万キロの旅路でのベストルート、一番の景色は間違いなくこのポルタチュエロ峠からの眺望だった。

集大成の五大陸目である南米大陸。最後の最後に素晴らしい景色と出会えたなと思う。歩を進めていくごとにワスカラン国立公園の山々は新たな表情を見せてくれた。喜びを噛み締めながら、一歩一歩ゆっくりと下っていく。とても贅沢で幸せな時間だった。

16. トルヒーヨでの七日間［ペルー］

アンデス山脈を満喫した後は再びパンアメリカン・ハイウェイへ戻り、北を目指す。さらに二日歩いてトルヒーヨに到着した後、メモしていた住所を頼りに自転車屋を探した。辿り着いた建物の鉄扉は閉ざされていた。看板などはなく、メモがなかったら、ここが自転車屋であると分からない外観だ。

インターホンを鳴らすが、誰も出てこない。扉に貼られた電話番号に電話をかけてみるが、留守番電話の機械的なメッセージが応答するだけだ。何度かインターホンを鳴らし、扉を叩いてみるが、やはり不在らしく反応がなかった。

建物の前で待ち始めてから四〇分後、自転車に乗ったほっそりとした男が、「ブエノスディアス（おはよう）」と声をかけてきた。彼こそ自転車屋の主人ルチョだった。私がここを訪れたのは車輪に異変があったわけでも、タイヤ交換が必要だったのでもない。この自転車屋はサイクリストを格安で泊めてくれるカサ・デ・シクリスタなのだ。サイクリストの多いパタゴニアにはこの手の宿がいくつかあり、トルウィンのパン屋「ラ・ウニオン」

でもお世話になった。

この自転車屋の存在は南米を旅するサイクリストの間で口コミで知られており、私が到着した時はポーランド人が滞在していた。前日にすれ違ったドイツ人もここに泊まっていたらしい。

ルチョはここを訪れたサイクリストのデータを集計していて、私は二二八五人目の宿泊客だった。宿泊客の国籍ランキングもあり、フランス、ドイツ、アメリカという順番だ。南米で出会ったサイクリストを思い返すと、フランス人が最も多いというのは確かであり、納得できる統計である。ちなみに日本人は十五番目だった。


自転車屋の奥にある二部屋がカサ・デ・シクリスタとして使われていた。部屋の壁はサイクリストの写真や書き込みで溢れている。確かにここは自転車屋だが、基本的にルチョは不在だし、営業しているところを見たことがない。ルチョは別の場所に住んでいるので、鍵を渡された後は、「ご自由にどうぞ」という感じなのだ。何から何まで気を遣われるのでなく、自分の家のように気兼ねなく過ごすことができるので、とても気楽である。

アンデスでの疲れを癒し、溜め込んだ洗濯物を洗い、当初は数泊で去る予定だった。しかしトルヒーヨに到着して三日目の朝、ベッドから起き上がろうとしても体に力が入らず、ぐったりと重かった。悪寒が走り、胃の奥底から不快なものが込み上げてきた。口から出てくる卵臭のゲップはまさにジアルジア症の症状だ。

ジアルジア症はランブル鞭毛虫による感染症だが、一体何があたったのだろうと考えてみた。汚染された飲食物から感染したのは間違いなさそうだが、常日頃から手洗いを怠り、生水を飲み、生野菜も食べている。衛生状態が良いとは言えない安食堂で食事をとることもある。心当たりが多すぎて原因を特定するのは困難だった。

ワスカラン国立公園へ向かうため、大きな峠をいくつも越え、体に鞭打って歩いてきた。往路は体調不良だったし、疲れが溜まり、病原菌がつけ入る隙を与えたのかもしれない。

ジアルジア症の最もたる症状は下痢である。常時腹がゴロゴロと鳴り、頻繁に便意を催した。トイレへ駆け込めば、肛門からは蛇口を全開にしたかのように液体が勢いよく放出される。すべてを出してふらふらとベッドへ戻り、横になるのも一瞬のこと。しばらくすると、体の内側から締めつけるような腹痛が襲い、全身から冷汗が滲み始める。冬の日本海のように何度も荒波が押し寄せ、波頭が岩に砕け散る。いや砕け散ってしまうのはまずいのだが、まさか本当に砕け散るとは思ってもいなかった。

下腹部にガスがたまり、ぽっこりと膨らんでいた。不快感を覚え、ガスを抜こうと、いつものように、「ふんっ」と腹に力を入れておならを出そうとしたところ、「ブリッ」とした気体ではなく、「ピュルッ」と液体が出てきた。「えっ……」とほんの一瞬放心し、「まずい」と思うのと同時にパンツを汚した。とんでもないことになったなと思った。三十代半ばになって俺は何をやっているのだと屈辱感に苛まされながら下着を替える。ちなみにうんこを漏らすのはカザフスタン以来七年振りである。旅中に限っていえば三度目だ。日本とは大きく異なる食文化、不衛生な国々にいるとはいえ、二十代後半から三十代半ばにかけて三度もうんこを漏らすというのは、なかなか屈辱的で情けないものである。屈辱ついでに書き足しておくと、その後さらにもう一度、数秒の差で間に合わず暴発した。そんなわけで私が旅中にうんこを漏らしたのは四度である。大人になっても漏らす時は漏らすのだということを学んだ。

その後は膨らんだ腹からガスを抜くのにも慎重になった。弾が入っていないことを祈りながら、おそるおそるピストルの引き金を引く。「ブリッ」と気体が出れば胸をなでおろす。まさにロシアンルーレットだ。屁を放つだけだというのに言いようのない緊張感が漂い、放屁後は悪臭が室内に充満した。

夜間も数えきれないくらいにトイレに通い、そのたびに液体が激しく出るものだから、肛門が痛んだ。最後は出すものがなくなり、ちょろちょろと液体が滴り落ちるだけだったが、腹痛を感じる度にトイレに走り続けた。脱水症状で衰弱し、体に力が入らない。減量に失敗したボクサーのように憔悴していた。

三日間もベッドから動けなかったが、ようやく体調が上向いてきたので、気晴らしに外を歩いてみた。街の中心のアルマス広場まで歩行者天国が続き、パステルカラーで彩られたコロニアル様式の建物が並んでいる。広場にあるカテドラル（大聖堂）も鮮やかなクリーム色で優しい色遣いの街並みだ。

穏やかな気分で散策を楽しんでいたが、突如突き上げるような痛みを腹に感じた。すーっと血の気が引き、ぞくぞくと鳥肌が立った。開栓した炭酸飲料のように泡粒が体中に広がっていく。肛門に力を込めながら、「宿までもつだろうか」と不安を覚えた。この美しい街の中でうんこを漏らすなんて絶対にあってはならない。笑顔で行き交う人波の中で私一人だけが苦痛に顔を歪めていた。脂汗を滲ませながら歩いていたところ、絶好のタイミングでマクドナルドが現れた。個室が空いていなかったら確実にジ・エンドだったが、間一髪、トイレへ駆け込み、事なきを得た。グラシアス、マクドナルド。この時ほどマクドナルドに感謝したことはない。

いつ爆発するか分からぬ爆弾を腹に抱え、街歩きもままならないが、体調は少しずつ良くなっていった。しかし、ジアルジア症に起因するものなのか、今度は体の節々に痛みを感じ始めた。老人のように一歩ずつ、ゆっくりと階段を昇降し、歩行困難な状態に陥った。

ここまで七年にわたり、世界中を歩いてきたが、感染症が多い東南アジアやアフリカでも大きな体調不良はなかった。しかし、ボリビア以降三度目の食あたりで、最近は体調を崩す頻度が激増していた。どうやら南米は私の腹と相性の悪い大陸のようだ。

昔訪れたウズベキスタンでは酒席に招かれることがあった。旧ソ連圏では宴会の時、参加者が口上を述べた後、ショットグラスに入ったウォッカを一気飲みする習慣がある。それを何度も繰り返すと、無理が祟ったのか、翌日以降は吐き気と下痢が続き、生き地獄だった。

アフガニスタンで赤痢に罹った時は便意を催すが、排便がないしぶり腹に苦しんだ。歩行中に熱中症に見舞われることも何度かあった。体に力が入らず、歩くことができないし、食欲もなく、これもまたきつい。

今回のジアルジア症はそれらに次ぐ症状だった。トルヒーヨでは七日間を過ごしたが、最も印象深いのはパステルカラーで統一された美しい街並みではなく、ベッドに横たわり、ずっと見上げていた薄汚れた天井と幾度となく通ったトイレなのである。固形便が出るまでに体調は回復すると体の痛みも消え去り、私はようやくトルヒーヨを出発したのだった。

17. 危険地帯［ペルー］

治安が悪い南米大陸であるが、その中で最も懸念していたのはペルー北部チクラヨ・ピウラ間の強盗多発地帯だった。無人の砂漠が続くこのルートはサイクリストを狙った強盗が現れることで有名で、ここを避けるサイクリストも少なくない。やはり南米で最も気を付けるべきは「人」なのだ。

クスコに滞在中、フランス人サイクリストと出会ったが、アラスカから轍を刻み続けてきた彼でさえ、この危険地帯はバスで移動したと言っていた。

自分にとって集大成の南米大陸である。最後は無難に終わらせたいという気持ちが強かった。強盗に襲われるのは怖いし、何も失いたくはない。いつ襲われるかわからない、姿が見えない相手に対する恐怖と不安を抱き続けるのは精神衛生上よろしくない。

バスで回避することも考えたが、簡単に決断できるなら苦労しない。信念と恐怖心が真正面からぶつかり合い、一進一退の攻防を繰り広げる。いつものように、あーだ、こーだと頭を悩ませ、葛藤と熟考を重ねた結果、やはり足跡を途切れさせたくないという結論に至った。

ペルー北部からエクアドルへ抜けるには、もう一つのルートがあり、アンデス山脈を越えれば、危険な砂漠地帯を回避できる。しかし約三〇〇キロも遠回りになるし、病み上がりの身である。何よりワスカラン国立公園でのアンデス越えに疲れ果て、アンデスはもうお腹一杯なのだ。もう一度アンデスを越えるくらいなら、強盗上等という気分だった。

どうしようかとあれこれ悩んでいた時に知ったのが、トム・トゥーシックの存在だった。アメリカ出身のトムは愛犬と共にアメリカから徒歩で南下していた。私がリマに滞在中に彼もリマに到着したので、残念ながら路上で会うことはできなかったが、知人から彼の存在を教えられ、メールでコンタクトをとってみた。

「ペルー北部はどのようなルートを歩いてきたの？　アンデス山脈？　それとも海岸沿いの砂漠地帯？」

「砂漠地帯を歩いたよ」という文面が並ぶパソコンモニターを羨望の眼差しで見つめ、たまらず、「ユー・アー・ブレイブ（あなたは勇敢だ）」と返信した。

「常に車が走っているし、大丈夫じゃないかな。気候は素晴らしく、道は平坦。テントも張りやすいし、何も問題なかったよ」というトムの言葉は私を勇気づけた。

九〇年代にサイクリストを狙った強盗事件が多発していたと聞くが、私の知る限り、ここ数年で襲われたサイクリストは一人だけだ。もしかしたら「強盗多発地帯」という物々しいフレーズが伝説化し、独り歩きしているのではないだろうか。

そもそも九〇年代の話なのである。ほんの少し前な気もするけど、早いもので二十一世紀になってから十五年以上が過ぎているのだ。

九〇年代から今日へ至るまで、さまざまなものが進化を遂げ、ペルーでも携帯電話は広く普及している。強盗たちは容易に連絡を取り合うことができるはずだが、その反面、簡単に通報されてしまうわけでもあり、彼らにとってはメリットよりデメリットの方が大きいはずだ。いくらかの不安はあったものの、いけるんじゃないかという思いが日に日に強くなっていった。

問題があるとしたら、それは徒歩という機動力である。約二〇〇キロの危険地帯を自転車なら一日半もあれば抜けられるが、徒歩だと四日を要し、自転車の倍以上のリスクを背負うことになる。

ゆっくりと流れていく景色を眺めながら、「いかにしてリスクを減らそうか」と連日頭を悩ませた。しかしながら、「少しでも早く危険地帯を抜ける」という程度の策しか思いつかないのだから、どうしようもない。

「それならば」と試しに走ってみるが、歩くのとはまったくの別物であると気付くのに時間はかからなかった。すぐに息を切らし、ゼエゼエと喘ぐことになり、わずか五分で断念。走り慣れていないので足の故障の恐れもあるし、走ったところで時速七キロでしかない。いつも通り時速五キロのスピードで砂漠地帯へ突入することになった。

四日間で歩き抜く予定で飲料水を十五リットル用意した。基本的に無補給区間を歩く時は水を節約するため、水を使わずに調理でき、食器を洗う必要のないものを食べる。オーストラリアの砂漠地帯を貫くスチュアートハイウェイを歩いていた時の主食はパンと缶詰だった。ハインツというアメリカ系食品会社の缶詰はビーフシチューやステーキなど味の選択肢も豊富で何より美味しかった。

しかしペルーの缶詰は品揃えが乏しく、サンドウィッチを作ろうにも気温が高いのでハムやチーズは持つことができない。そのため調理用の水を七・五リットル携帯する。さらにラーメン九袋、行動食としてビスケット九袋、バナナ十五本とパンが四日分の食料だ。

大量の水と食料を積み込んだ荷台は山のように大きく膨れ上がった。荷物満載のリヤカーを引く日本人の姿は否応なしに目立ち、好奇の目で見られるのは常である。危険地帯を前に神経が張り詰め、過敏になっているので、いつも以上に人目が気になった。強盗の内通者がいないとも限らない。徒歩でピウラを目指していることを誰にも知られたくなかった。「こいつは何者だ？」と無遠慮な視線を向ける地元民に対し、「こっち見るなよ」と苛立ってしまう。

チクラヨから三〇キロ北にモロペという村があり、ここから先が無人地帯となる。食堂のおばさんや料金所のおじさんに治安を尋ねると、「安全だよ」と口を揃えた。トルヒーヨでは、「危険だ」と教えられていたし、実際のところ、どうなのかは分からないが、例え気休めの言葉だとしても、ほっと安らぐことができた。

警察に治安状況を確認すると、「パトロールしているから安全だ。何も問題ないよ」という返答に安堵したが、その後パトロールする警察車両を目にしたのは一度だけだった。「話が違うではないか」と思わずぼやく。

料金所を通過すると見渡す限り、砂の海が広がっていた。砂塵をともなった強風が絶えず吹きつけてくる。砂粒が肌を襲い、チクチクと痛い。遮るものは何もなく、年中強風が吹き荒れる場所らしい。点在する木々はお辞儀するかのように思い切り曲がっている。

無人地帯とはいえ、隣国エクアドルから首都リマへ至る主要道路なのでトラックや車は走っている。たまに一〇分でも車通りが途絶えると、心細さと不安が胸を圧迫し、何度も後方を振り返り、周囲の安全に気を配った。

どのタイミングで歩行を終えるべきか悩ましいところだ。できることなら一刻も早くここから脱し、安全地帯に辿り着きたかった。少しでも歩行距離を伸ばしておきたいが、夕暮れギリギリまで歩けば、交通量が少なくなったところを狙われるかもしれない。強盗に襲われるか否か、運という要素に左右されるはずだが、隙を見せず、過信はしない。

数軒の家が集まる集落やレストランがたまに現れた。カザフスタンの荒野やアフリカの砂漠など、辺鄙で過酷な環境下で暮らす人を見るたびに私はいつも思う。「なぜこんなところで暮らしているのか」と。そしてそんな場所で暮らす彼らと私の人生が例えほんのわずかであっても交わったことを嬉しく思うのだ。

無人地帯を歩き始めて三日目、レストランで昼食をとった際、治安について尋ねてみると、「この先に下り坂があるけど、その辺りは少しだけ危険。周囲をよく見回しなさい」と言われた。具体的に危険な場所を教えられると胸の中に黒い影がじわじわと広がっていく。不安と焦燥に心を支配され、感情が波打って落ち着かない。

数キロ先の道脇に警察車両が停まっていたので、念のためここでも治安を確認しておく。「この辺りは安全ですよね?」とこちらの願望を剝き出しにして尋ねたが、携帯電話をいじっていた警官は指を止めて真顔になり、「危険だ」とぶっきらぼうに呟いた。警察による危険地帯宣言が発令された瞬間、さらなる恐怖心がどっと押し寄せ、青ざめた。心臓が激しく脈打ち、込み上げる不安で息苦しくなる。

心細さを感じ、護衛やパトロールをお願いしたいところだが、彼らは取り締まりをしているわけでも治安維持に務めているわけでもなかった。二人が携帯電話をいじり、酔っぱらいのように顔を赤らめたもう一人の男は後部座席で横になって爆睡している。外回りをさぼるサラリーマンのように仕事を放棄し、まったく頼りにならない。

さらに歩いた先に危険と教えられた下り坂があった。道路の両側には身を隠せそうな丘や低灌木が茂り、強盗が待ち伏せしていてもおかしくない。私が近付いた瞬間、道脇から強盗が現れ、銃を突きつけられる。人目につかない茂みの中に引きずり込まれ、身ぐるみを剝がされ、うわあぁぁ……。そんな展開をイメージするのは容易だった。多くのサイクリストがここを避けるのは、やはり理由があるのだ。今さらながらそんなことを思うと、背筋が凍り付いた。

アンテナを張り巡らせ、超警戒態勢に入った。一〇メートル進むたびに、キョロキョロと前後左右を確認しながら早足で歩く。まるでトカゲのような動きだ。テントを設営するため、道路を離れる時も周囲を注意深く窺う。人も車もいないことを確認して素早く道脇に入り、死角にテントを張った。

四日目の朝はピウラまで五〇キロのところで迎えた。予定通り進めばこの日のうちに到着できるはずだ。無事に着けますようにと祈りながら歩行を開始する。

灰色の雲の下、変化のない景色の中を歩いていたら、前方に黒い影が現れた。徐々に大きくなっていくその影は白人のサイクリストだった。互いに足を止めることはなく、すれ違いざまに手をあげて挨拶を交わしただけだが、人力で旅する仲間の存在は心強く、張り詰めていた緊張が緩んだ。彼もまた危険地帯から生還した私の姿を見てほっとしたのではないか。砂漠の中に溶けていく小さな背中を見ながら彼の無事を祈った。やがて集落が現れ、子供たちが登校する姿を見て、危険地帯の終わりを確信した。

当然ながら私の旅はすべて自己責任の下で遂行されている。強盗に襲われようが、どこで野垂れ死のうが、すべて自己責任の一言で片づけられる。行くも退くも、どこで野営するかも自分で考えて判断する。誰かに頼るのも、頼られるのも好きではないし、他人の介入を一切排除したい。何が正しいかは人それぞれだと思うが、誰かの指示に従うことを一〇〇回繰り返すより、自分で考えて困難を乗り越える方が判断力は磨かれ、知識と経験が蓄積されると私は考えている。安全を最優先するのであればバスを使うべきなのだろう。しかし私は自己責任で歩くことを決意し、歩き抜いた。

ピウラに到着した時は恐怖心から解放され、言いようのない安堵に包まれた。常に神経が張り詰めていたので、肉体以上に精神的な疲労が大きかった。ベッドに倒れ込んだ私はすぐに眠りに落ち、泥のように眠ったのだった。

18. 南米大陸のゴール ［エクアドル］

見渡す限り褐色の世界だったペルー北部からエクアドルに入国すると、景色が劇的に変わった。道路の両側には濃緑の葉が鬱蒼と茂り、大規模なバナナ園が途切れることなく、延々と続く。規則的に植えられたバナナがきれいな列を作り、果てしなくどこまでも広がっている。

これまで訪れた東南アジアやアフリカの熱帯地域でもバナナを目にしたし、決して珍しいものではない。しかし、それらと違うのは虫や鳥からバナナを守るため、一つ一つ丁寧にビニール袋がかけられて保護されている点だ。

「このバナナは日本やヨーロッパに送るんですか？」

バナナ園の農夫に訊いてみると、彼は頷き、「中国やアメリカ、世界中に輸出するんだ」と誇らしげに言った。

やはりエクアドルは世界一のバナナ輸出国なのだと再確認させられる。そして今まさに私はその現場にいるのだ。目の前にあるバナナが世界各国へ送られ、スーパーマーケットで陳列され、消費者の手に届くまでの過程を想像してみると、感慨深く、面白いものである。

バナナが形成するジャングルがひたすら四〇キロも続いた。今夜はどこにテントを張ろうかと考えていたら、ついにジャングルから抜け出した。しかしその後は民家が点在し、人目につかなそうな場所は見つからない。前日のキャンプではたくさんの蚊に悩まされたので、蚊が多そうな茂みの中も避けたいところだ。

小さな村が現れたので、テント設営場所を探してうろうろしていたら、「どうしたの?」とおばさんが声をかけてきた。

「この辺りにテントを張れそうな場所はありませんか?」

「うちの庭に張ったらいいよ」と彼女は一切の躊躇なく、あっさりと言った。よくもまあ片言のスペイン語しか話さない、得体のしれない日本人を訝しむことなく、受け入れてくれるものだ。そんな懐深さに日々助けられている。

その申し出に甘え、庭先にテントを張らせてもらう。おばさんはベリットと名乗り、近所で暮らす子供と孫が集まってにぎやかだった。テントでくつろいでいると、ベリットおばさんがコーヒーとフルーツを持ってきて、「雨が降るかもしれないから屋根下にテントを張ったら？」と言ってくれた。

翌朝目を覚ますと、強くはなかったが、夜からの雨が降り続けていた。おばさんの言葉に素直に従うべきだったと悔やむ。すべての荷物をテントから出し、屋根下へ移動するのが面倒だったので、彼女の申し出を断っていたのだ。この辺りは道幅が狭く、雨が降る薄暗い中を歩くのは危険だと判断し、明るくなるまでテントで二度寝をした。

出発前、おばさんにお礼を伝えると、キリスト教徒の彼女は胸に十字を切って見送ってくれた。額を地面につけて礼拝するイスラム教徒や合掌する仏教徒など、信仰心を持つ人の動作からは慈しみや強さを感じ、時に神々しさを覚える。

今日はきっと良い一日になるはずだ。神のご加護を期待し、いつもとは違う心持ちで一歩踏み出した。しかし、わずか数メートル歩いただけで、「ガタッ」と車輪に違和感があった。タイヤの空気が抜け、ぺしゃんこになっているではないか。どうやら昨日の歩行でパンクしていたようだ。

ははは……。苦笑いを浮かべ、「なんでやねん」とツッコミを入れた。このまま何事もなく歩いていたら、車に突っ込まれていたかもしれないのだと自分を慰めながらパンク修理にかかる。

雨は依然降っていたが、雨具は着用しない。刺すような日差しが照りつけたペルーから一転し、エクアドルに入ってからは連日曇り空が続いた。湿度が高く、じわじわと汗が滲む不快な気候で、ねっとりとした暑さが身体に絡みつく。そのため、優れた防水透湿性を持つゴアテックスの雨具であっても身に付けたくはないのだ。

赤道が近づき、高温多湿の気候となり、植生も熱帯特有のものに変わった。そんな場所で育つフルーツは絶対に美味しいという確信があった。フルーツの直売所がたびたび現れ、エネルギー補給のために立ち寄った。木造の小さな直売所には、大きなパイナップルやパパイヤ、マンゴーにスイカ、他にも初めて見る色とりどりの果物がいくつも並んでいる。

日本のスーパーマーケットであれば、一房五本ほどのバナナが並んでいるはずだ。しかしさすがは本場である。一〇房に一〇〇本以上のバナナが茎ごと売られている。黄色く熟して食べ頃のものから、青々としたものまでさまざまだ。地元民は茎ごと買って、車のトランクに詰め込んでいたが、さすがに一人で消費するには多すぎる。「これで買えるだけください」と五〇セント（五五円）硬貨を差し出すと、二〇本ものバナナが手渡された。「こんなにもくれるんですか」と驚き、顔をほころばせながら両手で抱えた。赤いものや小ぶりなものなど品種もいくつかあり、それらを食べ比べることは毎日の楽しみの一つとなった。

行動食が尽きたとしても、エクアドルでは簡単にバナナが手に入るから安心だ。沿海部では海産物が獲れるし、水量も豊かで自然に恵まれた国だなと思う。

さらに平地を北上して、首都キトの手前からアンデス山脈に入ることも考えたが、高温多湿の気候に耐えられず、早めにアンデスへ逃げ込んだ。

エクアドルはスペイン語で「赤道」を意味する国なだけあって、赤道直下の熱帯気候だが、アンデス山脈に入り、高度を上げていくと、冷涼な過ごしやすい気候になり、バナナを目にすることもなくなった。

アンデス山脈に入れば、青空が広がるものと思っていたが、どうやら十月から雨季らしい。ペルーのアンデスのように終日青空が広がることはなく、灰色の雲が空を覆っている時間が長い。

南米大陸では四〇〇〇メートル級の峠をいくつも越えてきた。そんな経験が自信を築き上げていたが、エクアドルのアンデスは勾配がきつかった。延々と続く上り坂に心が折れそうになり、「こんなはずじゃなかった」と自信が揺らぐ。

ようやく勾配が落ち着いて、楽になったと思いきや、冷たい雨が降り始めた。汗ばみ、熱を帯びていた体は一瞬で冷たくなり、さらに心が折れそうになる。

顔を上げた先に道路が見え、「あそこまで上るのか」とうんざりさせられた。それでも必死

エクアドルのアンデス山脈にて心が折れる

に上り続け、「ようやく終わった」とほっとした瞬間、前方に更なる上り坂が待ち構えていた時はポキッと音を立てて心が折れた。胸の中の陰鬱な気持ちを吐き出すように大きな溜息をついて、へなへなと地面にへたり込んだ。

乳酸がたまった足は疲労困憊で錆びついたかのように動かず、上り坂に耐えられなくなった。リヤカーを引くのが困難になり、途中からは引くのではなく、体勢を変えて押し上げてみる。負担がかかる筋肉の部位が異なるので、わずかではあるが楽になった気がする。それでも一〇〇メートル、あるいは数十メートルしか歩き続けることはできず、何度も足を止めては歩き出し、一歩一歩進んでいく。毎度のことながら地道で単調な作業だ。

一日の歩行が終わるとテントの中に倒れ込んだ。薄暗くなった頃、ぐったりと重い体を上げ、外に顔を出してみると、無数の光が明滅し、漆黒の闇を乱舞していた。疲れていたのを忘れ、蛍が描く光の軌跡を無心で眺め続けた。

標高四〇〇〇メートルの峠を越えた後は一気に五〇〇〇メートル高度を下げる。自転車なら苦しい上りを頑張ったご褒美になるだろう。重力に身を任せ、風を切って走る最高の瞬間に違いないが、徒歩だとそうはいかない。ニュートンの万有引力の法則を実証するかのようにリヤカーはずるずる下へと引っ張られていく。すべての重量を腕で支える必要があり、上りと同じく、地面をしっかりと踏みしめる。

勾配があまりにもきつい時は小刻みにステップを繰り返し、駆け足になることもあるが、リヤカーにブレーキはついていない。一度小走りになると、なかなか止まることはできず、スピードは加速していく。絶叫マシンに乗ったかのような気分を味わい、「うぎゃあぁっ」と悲鳴を上げ、肝を冷やした。

翌朝、キトまで二〇〇キロを切った時、正面を覆っていた雲が流れ、煙幕が晴れていくかのようにエクアドル最高峰チンボラソが姿を現した。劇的に現れた六二六八メートルの独立峰のはっとするような美しさを前に私はその場に立ち尽くした。山裾にはまるでパッチワークのようにさまざまな形をした田畑が並んでいる。人と自然が織り成す芸術だ。

二〇一六年十月十八日、首都キトに到着した。その二日後、南米大陸のゴールと定めていた赤道に向かった。キトの中心から二〇キロ離れたところに赤道はある。

公園として管理されており、入園料を払って中に入ると、高さ三〇メートルの赤道記念碑が堂々と佇んでいた。記念碑を中心に黄色い線が地面に描かれ、東西に延びている。どうやらこれが赤道らしい。

上部が展望台になった立派な記念碑を建て、赤道証明書なるものまで発行されている。赤道上では不思議な現象が発生するという。重力が真上から働くといわれているらしく、釘の上に卵が立つのかどうかという実験がアトラクション的に催されている。「赤道」を意味する国名なだけあって、エクアドルは国を挙げて赤道観光に力を入れているようだ。

しかし、実はこの赤道記念碑、正確には赤道の数百メートル南に位置していることが近年GPSで計測されて判明したらしい。

これだけ立派なものを造った手前、「あ、あの、実はここ赤道じゃないんです……」と公表することはできないのだろう。記念碑を移動することなく、弁解することもなく、堂々と偽の赤道をアピールしている。日本なら役人の謝罪会見の後、責任の所在がどこにあるか検証し、記念碑を移動することになりそうだが、エクアドルはおおらかで細かいことは気にしない。これがラテン気質なのだろう。

次々にやって来る観光客は満面の笑みで赤道を跨ぎ、ポージングして記念撮影しているが、本当は赤道じゃないなんてバカみたいではないか。しかし赤道での定番に違いなく、私も同じように赤道を跨いで記念撮影するのである。

偽の赤道というオチはあったが、この瞬間、南米大陸縦断と五大陸の踏破を果たした。大陸を一つ踏破するたびに新たな目標を定めてハードルを上げてきた。その結果、気が付けば七年も世界を歩いてきたわけだが、五大陸踏破という節目を迎えたからか、「もう歩かなくていいのだ」という気持ちが初めて芽生え、喜びよりも安堵する気持ちが強かった。

淡いピンク色に染まったキトの街を進む足取りは軽やかだった。

「俺はやり遂げたんだ。五大陸を歩き抜いたんだ」

ずっしりとした手ごたえと達成感を噛みしめるかのように拳をぎゅっと握りしめた。

コラム2

旅とスマートフォン

旅の間はもちろん、日本にいる時もスマートフォンを持ったことはない。グーグルマップに頼ることなく、紙地図を使用して世界を歩いている。

パソコンが壊れ、通信手段確保のため、スマートフォンを手に入れたのは中米でのことだった。メールのみに用途を限定しておけば良かったが、恥ずかしながら初めてのスマートフォンにウキウキしてしまったらしい。試しに地図アプリを入れた瞬間、私の旅は大きく変わった。

どこにいても自分の居場所が分かり、道が複雑な大都市でも迷うことなく目的地に辿り着ける。「ほほう」と今更ながら、スマートフォンが持つ利便性に驚き、重宝したものの、その反面、旅をつまらなくする要素を兼ね備えていた。

テント設営場所が見つからないまま日没を迎えた時、「今夜はどうなるのだろう」と不安や焦りを募らせていたが、スマートフォンを開けば、テントを張れそうな場所の有無が分かり、安全と安心を手に入れることができる。しかし不安や緊張がなくなることで感受性を失い、地図を読んで考えることをしなくなってしまう。

インターネットも同じだろう。知りたいことを検索すれば、簡単に答えが出てくる。試行錯誤して、答えに行き着くまでの過程が存在しない。

そんなこともあり、スマートフォンは極力使わないようにしていた。極北のとある町を発った日のことだ。幹線道路を歩き始めてから三時間後、見覚えのある建物が現れた。ここを歩くのは初めてなのに、なぜ既視感があるのだろう。状況を理解できず、頭がぽかんとしていた。ゆっくりと記憶を遡っていくと、数日前、町を目指していた時に見た景色と重なり、頭の中が真っ白になった。

北を目指しているはずなのに、なぜ南進しているのか……。何かの間違いではないかと奥の手スマートフォンを取り出せば、やはり目指す方向とは真逆の南にいた。道を誤ったことに気付かず十五キロも歩き続けたのは、変化の乏しい針葉樹林帯が延々と続いていたからだろう。

「ア、アホか、何をやっとるんだ俺は……」

悄然とし、頭を抱えたくなった。「スマートフォンを使っていれば」と思わなくもなかった。しかし旅に限らず人生においても、先のことを予測できるというのは面白くない。これこそ本来あるべき旅の形ではないかと思うのだ。極北の地で悟りの境地に達したが、偉そうなことを言っている場合ではない。まずは方向転換せねば……。

歩いてきた道をトボトボと戻り始めると、笑いが込み上げてきた。文明の利器を避けた結果がこれである。こんなにも方向音痴なのに、よく地球二周も歩いてこれたものだと思うのだった。

第**3**章

長い休息―行くかやめるか

南米番外編

19. 旅の終わり ［エクアドル］

南米大陸のゴールに定めていたキトの赤道記念碑に到着し、徒歩による五大陸踏破を果たすことができた。その際、いくつかのメディアから取材を受けたが、「今後はどうしますか？」と取材のたびに訊かれる質問に対し、明確な答えを準備しておらず、インターネットニュースで以下の言葉が配信された。

「もしかしたらこのままアラスカまで歩いて行くかもしれないし、三日でやめる可能性もある。とにかく行けるところまで行ってみたい」（毎日新聞）

過去に踏破した四つの大陸では大陸の端から端まで歩き抜いた。しかし、南米大陸では内陸に位置するエクアドルの赤道記念碑を目的地に定めたのは大陸北端のコロンビアの治安が不安だったからである。

コロンビアも問題なく歩けるようなら、カリブ海まで歩きたい。そしてできることなら北米大陸へ渡り、大陸の北端を目指したいという気持ちはもちろんあった。

しかし北極海を目指すとなると、さらに一万キロ以上の距離があり、少なくとも一年は要することになるはずだ。一万キロという距離、ひたすら歩き続ける一年という時間、これら数字の大きさを誰よりも知っているのは私自身であり、気持ちを維持できるか自信がなかった。


小学校高学年の頃だったと思う。「有言実行、不言実行、有言不実行、不言不実行」と担任が白いチョークで黒板に四つの熟語を書き並べ、「どれが正しいと思いますか」と問いかけてきた。「不実行」でないのは明らかだ。発言する機会を与えられた私は、「不言実行だと思います」と自信満々に答えた。

ボランティア、あるいは日々の生活における目標にしても、「やります」と高らかに宣言して行うより、何も言わずに涼しい顔をしてやった方がカッコいいという小学生なりの美学があったのだ。

だが、担任の顔を見るに「不言実行」は期待された言葉でなかったようだ。私の発言に対し、「確かにあなたの場合、何も言わずにやる方が良いかもしれない」と担任は言った。私は当時からペラペラとうるさい児童だったのである。そして担任は、「有言実行こそ正しいのだ」と熱弁したが、小学生の私にはその理由がどうしても理解できなかった。

あれから二十年以上の年月が過ぎ、私の考えも少しは変わった。二〇〇九年に歩き始めた時は自分の言葉に責任を持ち、退路を断って自らを追い込むために「上海からポルトガルのロカ岬まで歩く」と明言した。

しかし、逆にできるかどうか分からないことを無責任に口にしたくなかった。何も言わずに実行すれば、良くも悪くも逃げ道はたくさんある。自分の言葉に責任を負わなくていいというのは気楽なものだ。

引き続き北米大陸を歩き、北極海まで歩きたい気持ちはあるが、モチベーションを維持できるか分からない。だがやると宣言する以上は最後まで歩き抜きたい。以上を踏まえ、目的地を公言することなく、歩き続けることに決めた。歩けるようなら歩き続けるし、嫌になったら足を止めて日本へ帰ればいい。ここから先は肩の力を抜いて自由に気楽にやるのだ。

エクアドル入りに合わせ、日本から靴とタイヤを送ってもらっていた。距離的なもの以上に、おおらかでいい加減なラテン気質の国なので手続きに手間取り、南米に荷物が届くのは時間がかかるだろうと思っていたが、さすがはEMS（国際スピード郵便）である。予想外のスピードであっという間に届いてしまった。しかし、受取人不在で荷物が日本へ送り返されるという事態も予想外であった。

一ヵ月くらいなら郵便局で保管してくれるものと思っていただけに、「送付した荷物が返ってきた」と日本の家族からメールで知らされた時は目を疑った。エクアドルの郵便局は一週間しか荷物を預かってくれないらしい。こういうところでこそラテン気質は発揮されるべきなのに、意外にも時間に正確であった。

送料がムダになってしまったが、この先も歩いていく上で不可欠なものである。家族に再送を頼み、荷物が届くのを待つが、今度は逆にラテン気質が発揮されてしまう。

通関に時間がかかり、一向に荷物が届かないのだ。インターネットで追跡番号をチェックしても「通関手続き中」の表示のままである。連日何度も郵便局へ足を運んだ結果、なんとか荷物を受け取ったが、祝日が続いたこともあり、三週間もかかってしまった。

新しい靴を履き、新たな気持ちで歩き始めると、慣れ親しんだキトの街並みがゆっくりと流れていった。しかし、予定外の足止めは私の気持ちを萎えさせた。そんな精神状態が肉体に転移したのか、いつもならなんてことのない上り坂でも足取りが重く、気持ちが沈んでいた。一歩ずつ地を踏むごとに歩幅一メートル分だけ前へ進むが、この単調な動作の繰り返しをこの先一年以上も続けていくのは、途方もないことに思えた。これまで当たり前にやってきたことがどうしてもできなかった。なぜ歩き続けることができたのか分からない。誰か教えてほしいくらいだ。

ここまで地球一周半を歩いてきた。肉体的にきついことは幾度となくあったし、精神的に追いこまれたこともあった。だが、やめたいと思ったことは一度たりともない。

取材時に答えた「三日でやめる可能性もある」どころではなく、わずか半日でやめることになるなんて、自分でも予想していなかった。実をいうと、なんだかんだで北米まで一気に歩いてしまうだろうと思っていたのである。

キトからわずか三〇キロ、グアイリャバンバという町を抜けた先にバスの停留所があった。堰を切ったかのように無力感が溢れ出す。鉛の血が流れているかのように心身ともに重かった。「もう無理なんじゃないか……」と鬱々とした感情に心を支配された私は迷うことなくバスに乗り込み、六〇キロ北に位置するオタバロへ向かった。

エクアドルはボリビアに次いで先住民インディヘナの割合が高い国で少数民族が暮らす町が点在している。その中で有名なのはオタバロ族が暮らすオタバロだ。オタバロ族の男性は長い髪を三つ編みにし、女性は刺繍が施された白

民族衣装を身に纏ったオタバロ族の女性

いブラウスに黒のロングスカートを民族衣装として着ている。

歩くのをやめてバスで移動したものの、歩行意欲を完全に喪失していたわけではなかった。オタバロで休養をとり、歩行意欲を回復させようと考えた。滞在したエル・ジェラニオという宿は一泊一〇ドルで朝食付きだった。焼き立てのパンとオムレツ、美味しいコーヒーにフルーツジュース……。私には不釣り合いとも思える朝食を食べ、朝から優雅な時間を過ごして心の休養に努めた。メールで、犬と共に南米大陸を徒歩で南下しているトムの近況を知り、自分も頑張らねばという気持ちがじわじわと湧き上がってくる。

そろそろモチベーションが回復したはずだと確信した数日後、歩行を中断したグアイリャバンバへ戻り、再び歩き始めた。しかし、しばらく歩くと、もやもやとした負の感情が心の中に充満し始め、どうしても気持ちを維持することができなかった。

歩く意思がないわけではない。むしろ歩いて北米大陸を目指したいという気持ちは強い。それなのに一体どうしてしまったのだろうか。自分の内面を覗き見てもその理由を突き止められなかったが、一つだけはっきりしていることがある。歩き続ける上で必要なのは何万キロも歩き続けられる強靭な肉体ではない。強い精神力であり、揺るがない信念なのだ。「もう無理だ……」結局わずか三〇キロしか歩くことができなかった。辿り着いた先には地球をかたどったモニュメントがあった。どうやらここも赤道らしい。キトの赤道記念碑とは対照的に観光客はおらず、地元民が数人歩いているだけだ。こういう静かな場所こそ旅の終着点にふさわしい気がした。歩くのはエクアドルまでにして、赤道で旅を終えろという神様のお告げなのだろう。

そんなお告げに従うつもりはないが、抗うことはできなかった。魂が肉体から剥離してしまったかのように、もうこれ以上歩くことができないのだ。「パトラッシュ、僕はもう疲れたよ」と言う『フランダースの犬』のネロの気分である。

こうしてカヤンベ近郊の赤道記念碑で五大陸徒歩の旅は幕を閉じた。

約七年に及んだ長旅だったが、感情が昂ることはなかったし、涙も流れなかった。「ここで終わってしまうのか」と淡々とした気分で一人静かにフィナーレを迎えた。最後に写真を撮った後、ベンチに腰かけ、最終地点の景色を目に焼き付けた。

そしてやって来たバスに乗り込んだ。次第に遠ざかっていく赤道記念碑を眺めながら、またいつか戻って来たいと思った。できることなら再びここから足跡を刻んでいきたい。それがいつになるのかは分からない。もしかしたら数十年後になるかもしれないけど、絶対に戻ってこようと心に誓った。

20. 歩行再開 ［エクアドル］

カヤンベ近郊の赤道で唐突に旅は終わった。その後すぐに帰国せず、私は南米に居残り続けていた。もちろん帰国という選択肢もあったが、今一度自分と向き合ってみると、ここで旅を終えて本当に後悔しないだろうかという迷いがあった。諦めの悪い私は気持ちが回復するのを待ちながら、歩行再開のタイミングを窺っていた。

赤道で歩行を中断してから一〇九日を過ごした。その間、オタバロにリヤカーと荷物を残し、ここを拠点に北へ南へと動き回っていた。

オタバロを有名にしているのが、毎週土曜日に開かれる南米最大規模のマーケットだ。オタバロのマーケットは家畜を売り買いする動物マーケットと民芸品や日用品が売られる青空マーケットがあり、色鮮やかな布や雑貨、アンデスの伝統楽器に目を奪われる。

動物マーケットは朝の数時間だけ開かれているので、早起きしてマーケットの会場へ向かう。近隣の村から家畜を乗せたトラックが続々とやって来て、普段は閑散とした広大な空地にたくさんの動物と人が集結していた。地面の糞尿に気を付けてマーケットを歩き回る。じっくりと品定めして商談する人の声に混じり、鶏が雄叫びを上げ、ロバの荒々しい鼻息が聞こえ、買われていく豚が悲鳴をあげながら暴れている。動物たちが奏でる三重奏だ。

牛や豚、羊など定番の家畜に加え、マーケットの片隅ではペットの子猫やウサギも売られていた。そんな時、あるものが目に入った。視線の先にいる民族衣装を着た女の子も可愛いらしいが、彼女が大切そうに抱きかかえている子犬に目を奪われた。どうやらこの子犬も売り物らしい。

しかしまだ旅の途上の身である。これまで世界各地を歩いてきたが物欲を自制してきたのだ。目を閉じて、「ダメだ、ダメだ」と邪念を振り払うかのように首を振る。だが、目を開けると、可愛い子犬がじっとこちらを見つめている。頼むから、そんなつぶらな瞳で見つめないでおくれ。顔がとろけてしまうではないか。

　そんな私の心を見透かすかのように「抱いてみる？」と女の子は子犬を差し出してきた。うーむ、なんという可愛さだろう。どんなに素敵な民芸品を見ても揺らぐことのない鋼の心を持っていたはずなのに、なんと動物マーケットで三ドルの子犬を手に入れてしまった。何をやっとるんだ、俺は……。

　アメリカ人のトムも愛犬と一緒に旅していることだし、同じように一緒に歩こうと軽く考えていたのだが、よくよく考えてみると、国境を越える際の検疫など、問題がいくつかあった。何より狂犬病未発症国の日本へ連れて帰るのは難しく、煩雑な手続きが必要で時間とお金がかかるらしい。ちなみにトムはウルグアイの首都モンテビデオで南北アメリカ大陸の旅を終えた後、ヨーロッパへ渡ったが、犬の渡航許可手続きに数カ月を要している。

　さらには子犬の夜泣きが私を悩ませる。深夜、暗い部屋の中にクンクンと甘えた鳴き声が響いた。睡眠を妨害された私はまるで新米ママのように、時にはムツゴロウさんのように「よーしよしよし、いい子だから泣かないでおくれ」と子犬をあやす。ようやく静かになり、うとうとと微睡み始めたところで、再び夜泣きが始まる。「おいおい、またかよ……」時計に目をやるが一時間も経っていない。「よーしよしよし」と子犬をもふもふする。これを何度も繰り返し、おかげで睡眠不足のまま、眠い目をこすりながら朝を迎えた。それにしても子育てというのは大変である。オタバロにて母の偉大さを知った。

私一人なら問題ないが、他の宿泊客に迷惑はかけられない。今後も各地で宿に泊まることを考えれば、子犬を手放さざるを得なかった。当たり前のことではあるが、旅先で安易に犬など買うべきではないのだ。

翌日、子犬を抱いて外に出ると、貰い手はわずか五分で見つかった。路上で出会った少年が子犬に興味を示し、あっさりと引き取ってくれたのだ。まるで昨日の自分を見ているかのようだ。「おいおい、そんな簡単に大丈夫なのか」と思い、念のため彼の家に付いていくと、案の定、母親が我々の前に立ちはだかった。

「ダメ」「お願い」「世話できないでしょ」「自分が面倒みるから」

言葉は分からないが、そんな会話が続いていることは容易に想像がついた。日本でも繰り広げられそうな親子のやり取りに思わず吹き出してしまう。結局、少年の熱意が通じ、子犬は彼ら家族の一員として加わった。

初めてオタバロを訪れたのは歩行を断念した十一月だったが、季節は巡り、春がやって来た。私はここで三度目の土曜日を迎えた。過去二度とは違い、今回は売り手としてマーケットに参加するのである。

衣料品が所狭しと並ぶ路地の一角でオタバロ族に交じって店を構えた。不要になった冬服などを売り始めると、アジア人の売り手が珍しいからか、「これはいくらだい?」「もっと安くしてくれよ」と次々に声をかけられる。最後は買い叩かれたものの、嬉しいことに完売した。

三度の滞在で計十四日間を過ごしたオタバロは、またいつか戻ってきたい町となった。その時は、ぜひこの地に残していく子犬の成長を見てみたいものだ。そんなことを思いながら、私は四ヵ月振りにリヤカーを引き、旅空の下へと戻った。

コロンビアとの国境に着いたのはオタバロを発って五日目のことだった。久々の歩行であることに加え、アップダウンが続いたこともあり、一日平均三五キロというスローペースだった。ペースはやや遅いものの、モチベーションは回復し、精神状態はまったく問題ない。国境近くの町イピアレスで一日休んだ後、本格的にコロンビアを歩き始める。

小さな無人の小屋で一夜を過ごした翌朝、早い時間に出発したかったが、冷たい雨が降り続けていた。出鼻をくじかれてしまい、二度寝をする。すっかりやる気が萎んでしまい、こんな日は気持ちを維持するのが難しい。どうせなら一日中降り続いて、休みになればいいのにと思ったが、そんな願いとは裏腹に次第に雨は弱まっていった。雨が止めば歩かないわけにはいかず、九時過ぎより歩行を開始する。

二キロも上り続けると、眼下には一晩を過ごした小屋が小さく見えた。濃緑の山々が周囲を覆い、白い雨靄が漂う景色は幻想的で美しい。

ひたすら延々と上りが続き、足を止めて座り込む回数が徐々に増えていく。一〇〇メートルも歩かないうちに地面に腰を下ろす。何度も足を止め、そしてまた歩くを繰り返していると、追い打ちをかけるように雨が降り始めた。上り坂と雨、なんて最悪な組み合わせだろうか。雨は勢いを増し、地面が黒く染まったところで民家の軒下へと逃げ込んだ。朝から高度を一〇〇〇メートル上げていた。標高三〇〇〇メートルのところで降る雨は冷たい。体を濡らし、冷えきった腕には鳥肌が立ち、額から滴り落ちる雨滴は汗を含んでしょっぱかった。

小さな屋根の下で寒さに震えていると、「こっちはもっと広いからおいでよ」と少年が声をかけてきた。招かれた中庭には十分な広さの屋根があった。雨は依然降り続けているし、日没は近い。「ここにテントを張らせてもらえないかな」とお願いしたところ、デイビッドという少年は快諾してくれた。

テントでゆっくりしていると、デイビッドが熱い紅茶を持ってきてくれた。

「これを飲んで体を温めて」「ありがとう」

渡されたカップをそっと口に運ぶと、湯気と吐息が合わさって、目の前が白い靄に覆われた。細胞が息を吹き返し、体が熱を取り戻す。

再びテントにやって来たデイビッドが「家の中へおいで」と手招きをした。彼の後を追い、家に入ると、やわらかな暖気が体を包み込んだ。まるで陽だまりの中にいるような優しい温もりだ。ガスはなく、かまどに薪をくべて調理しているらしく、パチパチと薪が爆ぜる音が聞こえる。おじいさんが椅子に座っていたので挨拶をする。寡黙だがニコリと微笑んでくれた。他に家族の姿は見えないが、二人で暮らしているのだろうか。

テーブルにつくよう促され、「どうぞ」と差し出された器には米とじゃがいもの煮込みが入っていた。テントを張る時は地面を掃いてきれいにしてくれ、イスが濡れていたらそれを拭う。「雨がかかるからもっと奥にテントを張ったらいいよ」と提案してくれたり、十二才とは思えない気配りのできる子供だった。この少年はどのように成長していくのだろうかと思いを馳せる。

翌朝、出発前にお礼を伝えるため、デイビッドに声をかけると、「朝ご飯を食べていって」と彼が言うので、甘えさせてもらう。甘い紅茶が気怠さを取り除き、朝から温かな気持ちにしてくれた。ムチャス・グラシアス。何から何まで本当にありがとう。

歩き始めてすぐに峠を越え、長い下り坂を終えた後、雨が降り始めた。「またか……」と連日の雨にうんざりする。雨が降るたびに雨宿りしていては前へ進めないし、周囲を見回しても雨宿りできる場所はなかった。雨具を着て歩き続けていたら、目の前にトンネルが現れた。電光の案内板には「徒歩・自転車は通行不可」という表示が出ている。

チリ中部では歩行禁止の高速道路を七〇〇キロも歩いていた。例え高速道路に歩行禁止の標識があってもそんなルールは形骸化されており、暗黙の了解で歩けることがこれまで何度もあった。それにここは何かと緩く楽天的な南米である。なんとかなるだろうと思い、進んでいくが、トンネルの入口に常駐している警備員がこちらへやって来て、行く手を阻んだ。

「トンネルを歩くことはできないよ」と警備員は言った。しかし、「ああそうですか」と簡単に引き下がるわけにはいかない。

「アルゼンチンからここまでずっと歩いているんです。なんとかなりませんか」

個人的で勝手な事情であると十分に承知しているが、必死にお願いし、交渉する。トンネル内に設けられた歩道を指差し「あそこを歩くから」と言ってみるも、やはり歩行は禁止されているようで「ダメダメ」と警備員は首を振る

「ちょっと待ってろ」

警備員はどこかへ電話をかけ、早口のスペイン語で何やら話し始めた。光明が見えた気がしたが、しばらくして大きな荷台を持つピックアップトラックがトンネルの向こう側からやって来た。ドアが開き、男性が下りてくるなり、「荷物を荷台に積むぞ」と言った。どうやら彼はトンネルの管理者らしく、リヤカーを荷台に載せ、トンネルの先まで運んでくれるらしい。

「リヤカーを車で運べば、トンネルを歩いても大丈夫?」と期待を込めて尋ねるが、やはり彼らの答えは「ノー」だった。

「トンネルを避ける道はないの?」と訊くと、管理者の男性は遠くに見えるパストの街を指差した。「街を抜け、山を上り、ぐるっと回ったところでトンネルの先の道と合流するんだよ」と身振りを交えて説明した。

地図を確認してみると、歩行距離は大幅に増えてしまい、とても面倒だ。遠回りすることを考えただけで気が滅入ってしまう。トンネル内は歩行禁止という規則だし、私にはどうすることもできない事情だった。車に乗ってもいいのではないかという気持ちが一瞬芽生えたが、トンネルを迂回することを決めた。

「トンネルを抜ければ一・七キロ。迂回路を歩けば三〇キロだ」と管理者の男性は紙に書いて説明し、「車に乗って行こうぜ」と微笑んだ。

迂回路を選ぶことが、どれだけ遠回りになり、バカらしいことか十分に分かっている。しかし長年そんなバカなことをやってきているわけであり、歩ける道が存在するなら動力に頼ることなく歩きたかった。

二人の男性にお礼を言い、トンネルに背を向けてパストへ向かう。「バカなやつだ」と彼らは呆れたように笑っていたし、本当にバカバカしい話である。

しかしこの一件により、改めて自分は歩くのだという強い気持ちを再確認でき、妙に清々しい気分だった。これが私の旅なのだ。晴々とした心と同じように、降り続けていた雨はもうすっかり止んでいた。

21. ペリグロ［コロンビア］

南米大陸に来て、アンデス山脈の美しさを知った。北はベネズエラから南はパタゴニアまで南北七五〇〇キロ、七ヵ国にまたがった山脈は氷河を身に纏ったり、時には荒涼としていたり、さまざまな顔を持つが、コロンビアのアンデスも素晴らしい。鬱蒼とした深緑が一面覆い、一条の長い滝が白い線を描くように優雅に流れ落ちている。

切り立った崖の上を道が細く伸びていた。修行僧のように黙々と一歩一歩を刻み、一滴一滴汗を滴らせる。上り坂に喘ぎ、深い渓谷の美しさに心を癒された。

雨が続き、地盤が緩んでいるのか、土砂や岩が崩れた場所が多い。安全のため谷側を歩いていていたが、五〇メートル前方で突然土砂と木が音を立てて崩れ落ちた。もう少し早くここを通過していたらどうなっていただろう。もしこれが大きな岩だったらと想像をあれこれ巡らす。ここで生死を分けるのは運であり、それが自分に与えられた運命だと思うのだ。

一〇分後、車やトラックが長い列を作っていた。何があったのだと思いながら車の横をすり抜けていくと、路上にはガラス片が散らばっていた。前部がつぶれた乗用車とバスの衝突事故である。

道幅の狭い山道にもかかわらず、大型トラックが真横を猛スピードで走り抜けていく。真っ暗なトンネルが現れれば車がやって来ないことを祈りながら駆け抜ける。私のように路上で一日の大部分を過ごす人間が無事故で生き延びる一方、世界中で不幸な交通事故が頻発している。事故を未然に防ぐ最大限の準備はするが、その事故に遭遇するか否かはやはり運命なのだ。

冬のブルガリアを歩いていた時、氷点下二〇度の山中で凍傷を負った。救急車で運ばれて入院を経験し、医師からは切断の可能性を示唆された。

詳細は割愛するが、あの時二つの道があった。自らの意思で選んだ道を進んだ結果、私は凍傷を負った。「もう一つの道を選んでいたら……」と病室のベッドの上で後悔したが、あの時の二つに一つの賭け、二つに一つの道に必ずしも自分の望む答えが用意されているわけではないという考えに至った。バカラと違って勝ち負けなど存在しないのだ。もう一つの道を選んだ結果、難なく目的地へ辿り着けたかもしれないし、悪い人間に身包み剝がされて無一文になっていたかもしれない、凍傷どころか事故に巻き込まれ、命を落としていたかもしれない。

そんなことを考えているうちに、凍傷を負ったことも運命的なものに思えた。もちろん凍傷など負わない方がいいに決まっている。しかし地元民による数々の助けとタイミング、運命のレールに乗せられて私は病院へ送られていた。人生は偶然の連鎖によって形成されている。それは必然と言い換えることもでき、運命であると思うのだ。

前年十一月、私がキトの赤道に到達してから一ヵ月後、コロンビア第二の都市メデジンで日本人大学生が強盗に殺害される事件が発生した。

メデジンには日本人が経営する宿があり、被害者はその宿の宿泊客だった。私もそこに投宿するつもりで宿の経営者とメールのやり取りをしていたが、日本から送られた荷物の到着が予定外に遅れ、私のモチベーションも大きく低下。前述した通り、数ヵ月に渡り歩行を中断することになった。

歩行中断中はオタバロにリヤカーを残し、バスでコロンビアの諸都市を巡った。「コロンビアで邦人殺害」という忌々しいニュースがヤフーのトップページに掲載されたのは首都ボゴタに着いた朝のことだった。

あの時、遅延なく荷物が届いていたら、モチベーションが低下することなく歩き続けていたら、ちょうどこの時期にメデジンに着いているはずだった。被害者の大学生と会っていたかもしれないし、行動を共にしていたかもしれない。彼ではなく、私が被害に遭っていたかもしれない。

やがて山を下ると、高度は七〇〇メートルまで下がり、暑さと渇きに苦しんだ。先日まで標高三〇〇〇メートル超の山中で冷たい雨に震えていたが、コロンビアも地形の起伏が激しい国なのである。

牛が放たれたのどかな牧草地にテントを張った夜、何気なくライトを外に照らした時、がさがさと動くものに気が付いた。反り曲がった尾に毒針を持ち、両手にハサミを持つサソリである。「?・?・?」頭に疑問符がいくつも浮かび、なぜ緑溢れる牧草地にサソリがいるのだと目を疑った。ここは砂漠でなく牧場、ラクダはいないが牛はいる。私が思い描くサソリの生息地としては不適格でシュールな光景だった。

さらに周囲を照らすと、さらに三匹のサソリがいて、サソリの楽園の様相を呈している。人目につかない安全な野営地を見つけ、安堵していたのに、まさかの危険地帯だった。

一匹は靴の下に潜り込み、別の一匹はバッタをハサミで捕獲して貪っている。もぞもぞと地を這うサソリは全身に冷汗が流れるほど不気味だ。サソリは夜行性なので夜間は活発に動き回る。靴の中はもちろん、油断すればテントの中にまで侵入し、サソリの楽園から天国送りにされかねない。申し訳ないが近くにあったブロックで叩きつけ、安全のために殺しておく。翌朝もテント周りをライトで慎重に照らし、サソリがいないことを確認した後、テントを片付けた。

さらにもう一つ山を越えた後、雨が降り始めたので、道脇に現れた屋根の下へ逃げ込んだ。壁など周囲からの視界を遮るものは一切なく、道路から丸見えだが無人である。今日はここにテントを張ろうかと考えた。

どうやら雨季に入ったらしく、連日雨に見舞われていた。そのような天候下では屋根のある場所にテントを張れるか否か、非常に重要で精神面に及ぼす影響も少なくない。

農作業帰りのおじさんが歩いていたので、「ここにテントを張って寝ても大丈夫ですよね？」と訊いてみる。するとおじさんは首を横に振り、「ペリグロ（危険だよ）」と一言呟いた後、頬を人差し指でなぞる仕草を見せた。

先日、トンネルの通行を拒否された後、トンネルを迂回するため、パストの街を通り抜ける必要があった。最短距離で街を目指していたところ、知らず知らずのうちに危険地帯に迷い込んでいたらしい。バイクでパトロール中の警察がやって来て、「ペリグロ（ここは危ないぞ）」と言われた。そして同じように人差し指で頬をなぞる仕草を見せたのだが、日本のヤクザを表す動作と同じだなと思った。日本もコロンビアも危険な人間を表す時はこの動作で通じるらしい。地元民が「ペリグロ」と言うのだから、それに従うしかなく、もう少し歩いて民家の敷地にテントを張らせてもらった。

ちなみにこの「ペリグロ」という言葉は、南米で最も多用した言葉の一つだ。全体的に治安が良くない大陸なので、治安状況を地元民に訊くことが多いのだ。

かつてコロンビアでは麻薬カルテルと政府との間で大規模なゲリラ戦闘が続いていた。左翼ゲリラに日本人が誘拐された事件もあり、コロンビアと聞いて思い浮かべるのは麻薬、マフィア、誘拐とネガティブな言葉ばかりだ。そういう事情からか、世界中の国々を網羅するガイドブック『地球の歩き方』ですら、コロンビアに関する情報はほんのわずかしか掲載されていない。

インターネットで「殺人件数ランキング」を調べてみると、十万人当たりの殺人件数は日本の〇・四件に対し、四四件と高い数字だ。全一九四ヵ国中、日本が一九三位であるのに対し、コロンビアは五位である。

前述した通り、私が南米大陸縦断のゴールをエクアドルに定めていたのはコロンビアの治安に不安を抱いていたからだ。エクアドルの赤道で歩行を中断した後、コロンビアをバスで回った。首都ボゴタにメデジン、カリの三大都市を訪れ、危険な目に遭うことはなかったが、知らず知らずのうちに貧民層が暮らす地域に近付いた際には、背筋がぞくぞくするような雰囲気の悪さを肌で感じることが何度かあった。長年世界中を歩けば危険を察知する能力が身に付くものなのだ。

そんな国ではあるが、意外にもこれまで出会ったサイクリストの多くが、「人がすごく親切」と例外なくコロンビアを絶賛していた。実際にこの国を歩いてみると、たくさんの人と出会い、幾度となく人の優しさに触れた。しかし、都市部に関しては徒歩でふらふらと訪れるべきではないというのが私の考えだ。

コロンビアに入ってから連日アップダウンを繰り返してきたが、ポパヤンからしばらく下ると、カルタゴまでの二二〇キロは平坦な道が続く。ボーナスステージである。

ここから近いところに「危険都市ランキング」常連のカリがあるが、わざわざ立ち寄る理由はないので避けることにする。だが、もう一つの道にはプエルト・テハダという町があり、こちらも治安が悪いとサイクリストから教えられていた。

まるで聞き覚えのない名前の町である。何が危ないのだろうと調べてみたら、数年前にクラブでカードゲームに興じていたサッカー選手が射殺されていた。

一九九四年にアメリカで開催されたサッカーのワールドカップの後、オウンゴールを献上したアンドレス・エスコバルが射殺された事件は「エスコバルの悲劇」と呼ばれ、今もなお語られている。エスコバルと同じくサッカー選手の射殺というインパクトがあるニュースは世界中に配信されたようだが、凶悪事件は日常茶飯事なのかもしれない。

朝夕の暗い時間の歩行は避けるつもりだったが、テント設営場所を見つけられないまま、薄闇が町を包み始め、気が付けばプエルト・テハダまで二キロのところにいた。ギリギリのタイミングで野営地を見つけ、屋根下にテントを張らせてもらった。敷地に併設された小さなバーでは皆が黄色いユニフォームを着て、テレビに夢中になっている。どうやらサッカーのワールドカップ南米予選を観ているらしい。

コロンビアが勝利し、上機嫌の彼らは、「ビールを飲もう」と私を誘い、サッカー談議に花を咲かせた。話題は私の旅に移り、懸念しているプエルト・テハダについて訊くと、深刻そうな顔色を浮かべ、「ペリグロ」と皆が口を揃えた。

やはり早朝出発は避けた方が良さそうである。薄暗い六時に歩くのは危険だろう。それならば「七時は？」と尋ねてみると、「ペリグロ」とのことだ。

「八時は？　九時は？　十時は？」

「ペリグロ、ペリグロ、ペリグロ」

たまらず苦笑いを浮かべた。朝も昼も夜も二四時間三六五日、常時「ペリグロ」な町らしい。

「警察に護衛してもらい、街を抜けなさい」と彼らは提案してくれた。実際この辺りの雰囲気はあまり良くなく、警察が頻繁にパトロールしているのが印象的だった。テントを張らせてくれたおじさんは、「夜に何かあればこのドアを叩け」と言って扉を閉ざし、私も眠りに就いた。

翌朝、バーで一緒にビールを飲んだお姉さんがテントにやって来た。「おはよう」と挨拶すると、「十五分後に警察が来るから準備しなさい」と彼女は言った。

警察の護衛というのは物々しい響きがある。要人でも賓客でもない一旅行者のためにそんなことをしてくれるのか、半信半疑だったが本当に護衛してくれるようだ。

しかしまだ六時半、コーヒー片手にくつろいでおり、テントも片付けていない状態である。雨が降っているので、出発を遅らせようと思っていたが、すぐに歩かざるを得ない状況になってしまった。

警察の護衛を受けて歩くのは、ウクライナに続き二度目だ。ウクライナでは荷物の盗難被害に遭った後、警察の計らいで数日間の護衛を受けた。時速五キロのスピードに合わせパトカーで並走していたが、あまりにスピードが遅いため、途中からスクーターでの護衛に変わった。テント泊をすれば、近くに停めた車内で警察も夜を過ごし、大晦日の夜にガソリンスタンドで野営をすれば彼らも同じように泊まり込んだ。申し訳なく思うくらいに手厚い護衛だった。

黄色い蛍光色の雨具を着た二人の警官がバイクで後方を追走する。「早く歩けよ」とプレッシャーをかけてくることはないが、雨がしとしとと降る中をいつものように時速五キロのスピードで歩くのは申し訳なく、小走りで駆けた。

ここまで六万キロ以上を歩いてきたが、歩くのと走るのはまったくの別物である。しかも私にはリヤカーがあるのだ。すぐに息が上がり、呼吸が乱れ、なかなかきつい。途中から走っては歩くを繰り返した。

プエルト・テハダの中心には寄らず、郊外の幹線道路を歩いた。道脇には広大なサトウキビ畑が広がり、ひたすらのどかな景色が続いている。「ペリグロ」な雰囲気は微塵も感じられないが、本当に護衛は必要なのだろうか……。

「ここもペリグロなの?」と警察に訊けば、「ペリグロ」と答え、地元民も「ペリグロ」と言った。うむ……、やはり「ペリグロ」なようだ。

何か事件があったのだろうか。前方から来た車が停車し、私を護衛する警察に何やら話しかけた。その後、警察は何も言うことなく逆方向へ走り去っていった。安全地帯に達したのか分からぬまま、唐突に警察の護衛は終わった。お礼すら満足に伝えられなかった。結局計三台のバイクが交代しながら、五キロを追走し、護衛してくれた。雨の中ありがとう。歩くのが遅くて申し訳ありませんでした。

その後もサトウキビ畑が延々と続き、刈り取ったサトウキビを運ぶトラックが道を行き交っている。道を歩く農夫に挨拶をした際、「ここもペリグロなの？」と尋ねると、「セグーロ（安全）だよ」という言葉にようやく緊張が解け、心が緩んだ。危険地帯を抜けて安全地帯に辿り着いたのだった。

22. 二度目のゴール［コロンビア］

テントを設営する上で、人目につかない場所というのは鉄則だ。治安が悪いコロンビアでは、なおさら神経質になるが、コロンビアで私を悩ませるのはそれだけではない。雨季である。安全な場所であることは大前提だが、できることなら雨をしのげるところにテントを張りたいものだ。

コロンビアでは民家やガソリンスタンドにテントを張らせてもらうことが多いが、初めて「ボンベロス」に泊まったのはトゥルアでのことだった。

朝から昼にかけては雲一つない快晴で、強い日差しが照り付けていた。まさかこの天候が崩れるなんて微塵も思ってもいなかった。しかし昼を過ぎると、灰色の雲が空の青を塗り替えていき、胸騒ぎを覚えた。やがて塗り忘れていた青の欠片すら見えなくなり、横殴りの雨が激しく降り始めた。辛うじて歩道橋の下に逃げ込んで、地元民と一緒に雨をしのぐ。

雨が止んだ後も、遠くの空では雷鳴が轟き、薄闇を稲光が切り裂いた。こんな日は屋根のないところにテントを張りたくなく、日没後も闇の中を歩き続けた。そしてトゥルアに到着したのだが、郊外のガソリンスタンドでは、「ダメだ」とテント設営拒否。ガソリンスタンドにはこれまで何度も助けられており、生命線といっても過言ではないので大きなショックを受けた。

何のあてもないまま、夜の町を歩いていく。家の窓から漏れる光は家族の団欒を想像させ、この町に身を寄せる場所がない現実と孤独を強く感じる。普段はそんなことを考えないのに深海に沈み込んでいくかのような重い闇が私の心を脆くさせていた。

町を抜けるか、ここに留まるか、二つの選択肢があったが、六〇キロ超を歩いた体は極度の疲労と倦怠に包まれていた。この町のどこを目指せばよいのか分からなかったが、「ボンベロス」という単語が咄嗟に浮かんだ。

「ボンベロス」はスペイン語で「消防署」を意味する。中南米の消防署が旅行者を泊めてくれるというのは、この地を人力で旅をする人の間で有名な話だ。

ホテルが寝場所を提供し、警察は治安を守り、パン屋はパンを作る。それぞれが役割を担うことで社会が成り立っているが、私が知る限り、消防署は火を消すところである。

寝場所を求めて宿ではなく、消防署へ向かうというのは心許ないものだった。私を泊めたところで消火能力が向上することは絶対にないし、非常識で図々しい気もする。「バカヤロー、ふざけたこと言ってんじゃねえ」と門前払いされても文句は言えない。消防署が旅行者を泊めるだなんて、いわゆる都市伝説的なものでないかと思った。

聞き込みを重ね、辿り着いた消防署は町の中心の広場近くにあった。半信半疑のまま消防署を訪れ、「歩いて旅をしている日本人ですが、ここにテントを張り、一晩泊めていただけませんか」と恐る恐る口にしてみる。応対した消防隊員は意外にもあっさりと快諾してくれた。救急車横のスペースを指差し、「ここにテントを張るといいよ」と言い、シャワーまで浴びさせてくれた。テント前を通った別の隊員はビスケットをくれ、歓迎してくれた。

一夜明け、お礼を伝えて出発しようとしたら、「コーヒーを飲んでいきなさい」とカップを渡された。熱いコーヒーを啜ると、強い酸味が口の中に広がっていき、眠気を取り除いてくれる。

「どこまで歩くんだい?」と彼らは私の旅に興味を示してきた。

「とりあえずカリブ海に面したトゥルボまで歩こうと思っています」

「これを見せれば、他の消防署も泊めてくれるよ」と笑いながら差し出されたものはトゥルア消防署のワッペンだった。

平坦な道が続くボーナスステージを終え、カルタゴを過ぎると再び山岳地帯へと入っていく。延々と続いたサトウキビ畑は消え、コーヒーの木に変わった。肥沃な土壌はコーヒーの生産に適し、多くのコーヒー豆農園を目にする。コロンビアは世界第三位のコーヒー生産国だが、近郊にあるマニサレスはコーヒーの産地として有名なのだ。

さらに北上し、サンタ・フェ・デ・アンティオキアに着いた。白壁の家々が並ぶ、石畳の美しい町だ。この町の先には新たな山が聳えていた。パタゴニアから続いたアンデス山脈の終わりが近付き、南米大陸最後のヤマ場になるはずだ。

「サンタ・フェ・デ・アンティオキアから先は治安が良くない場所があるから、野宿ではなく、町に滞在した方がいいよ」

この辺りでは警察がゲリラに襲撃される事件がたびたび発生しているらしい。地元民のアドバイスに従い、五七キロ先のカニャスゴルダスを一気に目指すことにする。

山間の食堂で昼食をとっていたら、二人のサイクリストが現れた。ディエゴとセバスチャンというコロンビア人だ。サッカーの強豪国として知られるコロンビアだが、自転車競技も盛んで、自転車レースの本場ヨーロッパでも活躍している。スポーツや日々の生活の中に自転車が広く普及しており、メデジン出身の彼らはコロンビア北部を旅しているらしい。暑さのあまり、胸をはだけさせたラフな格好だが、本格的なサイクルウェアに身を包んでいる。

ディエゴは私が食べていたものを指差し、「それは自分で金を払ったのか？」と尋ねてきた。その質問の意味が理解できず、私は「は？」という間の抜けたような表情を浮かべた。

「自転車で旅をしていて金がないので何か食べさせてくれ」と食堂の主人に交渉する彼らの姿を見て、「なるほど、こういう手があるのか」と感心した。彼らに与えられたのはスープとライスという最低限のものだったが、無料なら悪くはない。

しかし、彼らのやり方を否定するつもりはないが、私としては他人の善意や助けを前提とした自ら乞う旅はしたくない。差し出された手にすがることはあっても、こちらから常に手を差し出すのは抵抗がある。

そんなことを思いながら歩いていたら、三台の車が続々と止まり、水、スポーツドリンク、ポテトチップスを渡してくれた。あなたたちの善意にいつも助けられているんです。「グラシアス」という感謝を伝える言葉に一段と熱がこもった。

峠には大きな十字架が建てられていた。朝から一四五〇メートル高度を上げたが、ここからは一転して下り坂となる。重力に身を任せ、疾風の如く下っていく二台の自転車が手を振りながら追い抜いて行った。

濃紺の夕闇が世界を覆い始めた頃、なんとかカニャスゴルダスに辿り着いた。橙色の街灯が照らす路地を歩き、消防署を探すが、「この町に消防署はないよ」と無情の宣告を受けた。消防署があることを信じて歩き続けてきただけに大きな落胆があった。

テント設営場所を求め、町外れへ向かって暗がりの中を歩くと、「この先は危険だ。殺されるぞ」と地元民は首を掻っ切るジェスチャーを示し、町へ戻るよう促した。

イチかバチかの警察署も当然ながら宿泊拒否。公園があったので、「ここにテントを張っても大丈夫?」と訊けば「ペリグロ」と地元民は言う。どうしようもないので今日はホテルに泊まろうと安宿を探してみる。寝床を探しているというのに宿が最後の選択肢というのも妙な話だ。

「一泊いくらですか?」町の中心にある宿を訪れ、料金を尋ねてみると、「一万二〇〇〇ペソ(四八〇〇円)と意外にも安かった。今夜はここに泊まることにしよう。荷物を運ぶため、階段を下りて外へ出ると、リヤカーの傍に食堂で会ったディエゴとセバスチャンの姿があった。予想外の再会に驚くのもほどほどに、「今夜はどこで寝るの？」と訊いてみると、彼らも消防署というあてが外れたらしい。「プラザにテントを張るよ」と言った。

プラザというのは小さなマーケットで、警察からもそこでテントを張れると教えられていた。しかし、警備員が常駐しているわけではない。確実に安全と言えない場所に一人でテントを張りたくなかったが、彼らが一緒なら安心だ。便乗して一緒にプラザへ向かう。橙灯の下、テントを張る三人の細長い影が地面に投影され、二張のテントが設営された。

翌朝、二人はまだ眠っているようだったが、静かにテントを片付けて一足先に出発した。三時間歩いたところで、ディエゴたちがやって来て、「よかったら食べてくれ」とパンを渡してくれた。きっとこのパンもどこかでもらったものなのだろう。「グラシアス」とお礼を言って受け取った。

「今日はどこまで行くの？」「八〇キロくらい走る予定だよ」

昨日から抜きつ抜かれつを繰り返してきたが、どうやらこのへんでお別れらしい。握手をして、徐々に遠ざかっていく彼らの背中を見送った。

その後も二つの消防署と道路管理事務所で夜を過ごし、サンタ・フェ・デ・アンティオキアから五日後、カリブ海に面したトゥルボに到着した。六ヵ月前に一度は赤道記念碑で終えた南米大陸縦断だったが、さらにコロンビアまで足跡を刻み、南米大陸で二度目のゴール地点に辿り着いた。ここまで歩き抜き、南米でやり残したことはもうない。これから目指す場所は心の中で決まっていた。もう迷いはなかった。

23. カリブ海を越えて ［コロンビア・パナマ］

北米と南米は陸続きでつながっているが、グーグルマップを見てもそこに道はなく、ジャングルが広がっている。アラスカからアルゼンチン・ウシュアイアまで南北アメリカ大陸を貫くパンアメリカン・ハイウェイですら、唯一分断されるのが、このダリエンギャップだった。

私のように歩いている人間はもちろん、サイクリストやバックパッカーであっても、南北アメリカ大陸縦断の旅をすれば、どうにかしてダリエンギャップを越えることはできないかと一度は考えるはずだ。

十数年前にイギリス人カール・ブッシュビーが徒歩で越えているし、同じくイギリス人のイアン・ハイベルが自転車で通過した前例もある。しかし、ダリエンギャップを越えての入国はパナマという国家からしたら違法行為である。それ以上に問題なのは治安だった。ダリエンギャップは反政府ゲリラであるコロンビア革命軍（FARC）の活動地であり、数年前には徒歩でダリエン越えを試みた旅行者が殺されている。


コロンビア・パナマ間を人力で越境するなら陸路でダリエンギャップを越えるしかない。そんな凝り固まった考えをぶち壊すかのように彗星の如く現れたのが、知人のチェコ人サイクリスト、マチェイ・バルガだった。彼は空気を入れて使用するインフレータブルカヤックに自転車を積み込んで、海路による越境に挑戦した。

しかし、パナマからコロンビアを目指している途中、嵐に巻き込まれ、カヤックが転覆した。その結果、旅の記録が詰まったハードディスクやパソコンなど、多くのものを失った。コロンビアに辿り着く前に地元民のボートに助けられ、彼の挑戦は失敗に終わったが、誰もやろうとしない計画を思いつき、遂行した心意気が良いではないか。

カヤックによるカリブ海越えはとても魅力的に思えた。できるかどうか分からないが、難題に冒険心がくすぐられ、気持ちの昂りを抑えることができなかった。

実は赤道から歩行を再開する一ヵ月前からアメリカのカヤックメーカーと連絡を取り、スポンサードしてくれるよう依頼、カヤックを入手する寸前のところまで辿り着いていた。夢のような計画ではあるが、たくさんの障害があった。インフレータブルカヤックは携帯性に優れているが、その反面、骨組みがないため推進力が大きく劣る。波のない穏やかな湖ならまだしも海である。身軽な状態ならいけるかもしれないが、私にはリヤカーを含め、膨大な量の荷物があった。マチェイの二の舞になる可能性は高いだろう。勢いで遂行するべきではなく、冷静に考える必要があった。

彗星のように現れた計画は彗星のように消え去り、最終的に計画は頓挫した。

残された選択肢は空路と海路、動力を使ってのパナマ行きだった。空路を選ぶなら、パナマまで一三〇ドルという安い航空券もあった。しかし、同じ動力を用いた移動でも距離感を感じられるという理由から手間と時間がかかることを承知の上で海路を選んだ。

まずトゥルボからコロンビアのイミグレーションがあるカプルガナへ向かう。出国手続きをした後、ボートを乗り換え、パナマのイミグレーションがあるプエルト・オバルディアへ。パナマへの入国を経て、プエルト・カルティを目指す。三艘のボートを乗り継ぐ長い船旅だ。

トゥルボで一日の休養を取った後、パナマへ渡るため、港へ向かった。港と言っても桟橋がいくつかあり、数艘の小型ボートが停泊しているだけの小さなものだ。

カプルガナへのチケットは前日のうちに購入していたが、問題は荷物の多さである。折り畳んだリヤカーを含め、総重量七〇キロもある。積み込むスペースがないことを理由に乗船を拒否された。

「一〇万ペソ（約三八〇〇円）を荷物代として払え」と港の職員は言うが、人間一人の運賃が六万ペソなのに高過ぎる。「二万五〇〇〇ペソまでしか払えない」と断固拒否する。一筋縄ではいかず、長い戦いになりそうだなと思った。

カプルガナへ向かうボートはもう一艘あるらしく、職員が船長と交渉を始めた。「金を払えば乗れるよ」と別の職員は言ったが、「ノー」と断固拒否。「チケットは持っているし、なんとかなるだろう」と楽観していた私はあえて口出しせず、その様子を眺めていた。

しかし船長は「ダメだ、ダメだ」と首を横に振り続けた。港を離れていくボートを見つめながら、「次にカプルガナへ向かうボートはどれ？」と職員に訊くと、「今日はもうないよ。また明日来てくれ」と予想外かつ非情な言葉が返ってきた。私は呆然と立ち尽くし、一人ポツンと港に取り残された。チケットを持っているのにボートに乗れないなんて想定外である。こんなことならもっと真剣に交渉するべきだったと今更ながら思った。

港付近にはたくさんの貨物船が停泊していた。パナマへ向かう船もあり、「一緒に乗せてくれないか」と船員に交渉するが、船員以外の乗船は難しいらしく、良い返事はもらえなかった。

コロンビアとパナマを行き来するサイクリストの大半は飛行機か五〇〇ドルもする優雅なクルージングでカリブ海を渡っている。小型ボートを乗り継いだという情報は英語でグーグル検索し、いくつか出てくる程度だ。これにより荷物代の相場を把握できた。もう少し上積みしないと難しそうだ。

翌朝、「今日こそはパナマへ行くぞ」と気合を入れて、港へ向かう。今日も私の前に船長が立ちはだかった。荷物代として「四〇」と言われたので、四〇ミル（「ミル」はスペイン語で「一〇〇〇」を意味する。四〇ミル＝四万ペソ）を渡そうとしたら、「違う、四〇ドルだ」と言われた。おいおい昨日より高くなっているではないか……。

出航時間が迫り、八万ペソまで下がったが、「もう一声」とさらなる値引きを促す。六万ペソから下がることなく、平行線を辿ったものの、「これでいいだろ」と相手の拳に五万ペソを握らせて、そのまま握手して交渉成立。運賃が一人六万ペソなので、これでもまだ高い気がする。しかしボートに乗れず、さらに一日を棒に振る可能性もあったので、しょうがないと割り切った。

カリブ海といえば、穏やかで美しいエメラルドグリーンの海を想像していた。しかし、この海域は船の揺れが激しく、船首に近いほど、揺れ幅が大きくなるらしい。揺れの小さい後方に座りたいところだが、荷物代の交渉をしている間に乗船が最後になったので、前から二列目という素晴らしい席が残されていた。おかげで頼んでもいないのに、遊園地のような絶叫アトラクションを楽しむことになった。

ボートは荒波を猛スピードで進んでいく。大きな波を越えるたびに、尻が「ふわっ」と浮き上がり、乗客の体が揃って宙を舞う。そして着水時には「どんっ」と容赦なく座席に叩きつけられた。舌を噛まないよう、顎に力を入れて歯を食いしばる。「ふわっどんっ」、「ふわっどんっ」と何度も繰り返され、「キャー」「ウワー」とあちこちから悲鳴が上がる。

固い座席に叩きつけられるたびに内臓は大きな衝撃を受け、臓器が揺れるのを感じた。さらには首に違和感を覚え始める。交通事故の衝撃でむち打ちになるのと同じ状況ではないか。これまで経験した中で最も過酷な移動だ。カプルガナまで三時間もかかり、その後も船旅は続く。果たして私の体は耐えられるのだろうかと暗澹たる気分になる。船旅はまだ始まったばかりなのだ……。

現実逃避するかのように目を閉じたが、潮風に乗って悪臭が漂ってきた。「なんだ、この臭いは？」と隣を見ると、おばさんが連れている犬がうんこをしていた。うんこがべったりとつき、茶色く汚れた救命胴衣を見て、次にこれを着る人に心から同情する。

ひたすら耐える過酷な三時間だった。荒波にもまれ、悪臭に包まれ、カプルガナに到着した時は魂が抜かれたかのように表情を失い、げっそりとしていた。カプルガナはカリブ海に面しているが、周囲を深い密林に囲まれ、船か飛行機でしか訪れることができない陸の孤島となっている。そんな不便な立地にもかかわらず、バカンスで訪れる人が多く、バーではビールを飲みながらヨーロッパサッカーを観る旅行者の姿があった。

小さな村なのでイミグレーションオフィスはすぐに見つかったが、職員は不在だった。南国独特のゆったりとした時間が流れているが、せめて仕事くらいはしっかりしてほしいものだ。なんだかんだで二時間もかかり、コロンビアの出国スタンプがパスポートに押された。

パナマのイミグレーションがあるプエルト・オバルディアへのボートはすぐに見つかった。料金は三万ペソ。三人のドイツ人、二人の地元民と共に乗船する。トゥルボでは荷物代を巡る攻防で大きな苦労があったが、ありがたいことに荷物代不要だ。

この辺りには幹線道路も車もないため、ボートが人々の足になっている。出航したボートはガソリンスタンドに立ち寄って給油した。岸壁に造られたガソリンスタンドはもちろんボート用だ。

ボートは風を切るように航行し、一時間でプエルト・オバルディアに到着した。「プエルト」はスペイン語で「港」を意味するが、ここに港はない。浅瀬でボートを下りた後、海に足をつけて荷物を一つ一つ運んだ。イミグレーションオフィスでは一列に並べられた荷物を麻薬犬か嗅ぎまわり、荷物検査を受けた後、パスポートに入国スタンプが押され、パナマに入国した。

観光客でにぎわうカプルガナとは対照的に、プエルト・オバルディアは私たち以外に旅行者がいない鄙びた村だった。路地が三本ほどあり、食堂とホテル、商店が一軒ずつある。村の規模から察するに村人は一〇〇人前後だろうか。今夜はホテルに泊まるというドイツ人と別れ、海辺にテントを張った。商店でビールを買い、パナマ入りをささやかに祝う。

「プエルト・カルティまでのボート代はいくらですか？」

数人の村人に訊くと一〇〇ドル前後が相場であることが分かった。ありがたいことに明日出発するボートがあるとのことだ。

出航時間が定かでないので、翌朝は早めにテントを片付けて出発準備をする。村を歩いていると、「カルティへ行くのか?」と船員の男に声をかけられた。言い値は一四五ドルと足元を見られていたが、「一〇〇ドルしか払わない」と言うと、あっさり一〇〇ドルに下がった。

一緒にここまで来たドイツ人は週に数便ある飛行機でパナマシティーへ向かう。飛行機なら一〇〇ドルもしないのでボートより安いし、時間もかからない。それに何より楽である。

前日の移動で何度も腰と尻を打ち付けたため、腰が腫れ上がり、臀部にも痛みが残っていた。今回は七時間の移動となる。果たして体は耐えられるのだろうかと不安を覚えつつ、またしてもボートを選ぶのだから、これを酔狂と言わずに何と言おうか。

私がボートを選ぶのは単純に空路よりも距離感を体感できるからだ。

しかし地元民の乗客は、なぜきつく、時間のかかるボートを選ぶのか謎である。地元民はボート代が安いという理由以外に考えられないが、外国人には「外国人料金」として一〇〇ドル前後の料金が定着しているのだろう。

サン・ブラス諸島では、パナマ政府から自治権を認められたクナ族が暮らしているが、プエルト・オバルディアにもクナ族の姿があった。クナ族の女性はモラというブラウスに鮮やかな刺繍が施された民族衣装を身に纏っている。

出航前に警察で手続きが必要らしく、船長にパスポートを預けたままだった。言うまでもなくパスポートは私が日本国民であることを証明し、国境を越える際に必要なものである。そのためボートに乗り込んだ後、「パスポートはどこにあるの？」としつこく確認したが、別の船員は「心配しなくても大丈夫だよ」と言う。心配性の私を見かねた地元民の乗客も「カルティに着いたら渡されるよ」と安心させるように言った。ここは国境地帯だし、クナ族は自治権を持っている。他の場所とは勝手が違うのだろうと思い、その言葉を信じることにした。

やがて船長が戻ってきて、ボートはプエルト・オバルディアを出発した。船員は二人、乗客は私も含めて七人だ。一人が船尾で舵を取る。船首に座ったもう一人の男は波を読み、大波を避け、揺れが少ない方向を指差して指示を出す。相変わらずボートは激しく縦に揺れるが、体が慣れたのか、前日よりはましな気がした。

左に目をやると、ダリエンギャップには熱帯雨林が鬱蒼と茂り、カリブ海を行き来する船と何度もすれ違った。リゾート開発された島には数棟のロッジが並び、透明度の高い美しい海に囲まれている。ヤシの木が生えているだけの無人島や大小さまざまな有人島など、いくつもの島が点在し、それを横目にボートはエンジン音を唸らせながら波を越える。カリブの日常がどんどんと流れていった。

カルティ島に到着したのは出航から七時間後のことだ。大陸本土は目の前に見えるし、この日のうちにプエルト・カルティに行くものと思っていたが、「プエルト・カルティへは明日行く」と船長は言った。

到着した場所は小さなバーを併設した船長の家だった。やはりこの島に車はないが、駐車場の代わりに数艘のボートを停められる停泊場がある。カリブ海に浮かぶ島ならではの面白い生活様式だ。

やがて太陽が西に傾くと、夕日に照らされた海が淡い茜色に染まった。与えられたベッドに横たわると、長い船旅の疲れがどっと押し寄せてきた。明日はいよいよ北米大陸に上陸する。熱い興奮が湧き上がってくるのを感じたが、目を閉じるとすぐに深い眠りに落ちていった。

24. カルティ島で足止め ［パナマ］

出航が近いのだろうか。部屋を出て、大きく深呼吸していると、ボートで一緒だったクナ族のおばさんが慌ただしく準備していた。

「プエルト・カルティへ出航するの？　準備した方がいい？」

「そうだけど、あなたは行くことができないよ。ノーパサポルテ」

一体何を言っているのだろうか。私は今日大陸本土へ渡るのである。肩をすくめ、困惑した表情を浮かべる私に、「そうだ、そうだ。ノーパサポルテ」ともう一人のおばさんも呼応するかのように言った。

「ん……。ノーパサポルテ……？　ノーパスポート……？　パスポートがない……？　まさか……」おばさんの言葉に胸騒ぎを覚えた。

「パスポートはどこにあるの？」

「プエルト・オバルディア」おばさんはお気の毒にという顔を私に向けた。

この状況を即座に理解するのは難しかったが、前日のやり取りを思い出した。カルティ島に着いた後、偶然その場に居合わせたパナマ在住の中国人を介し、船長は何かを伝えようとしていた。中国語と日本語はまったく異なるし、中国人の英語も私のスペイン語も拙いので会話が嚙み合わず、意思疎通が図れたとは言い難かったが、「パスポートが警察にある」ということは分かった。私は外国人であり、保安上の理由から、この島の警察にパスポートが預けられているのだと思い込んでいたが、どうやら事態は深刻そうである。

「パスポートはどこだ？」

すぐさま船長を捕まえ、大粒の唾を飛ばしながら必死の形相で迫った。

「プエルト・オバルディア」

船長は気まずそうな顔色を浮かべ、抑揚をつけずに答えた。出航前に警察署で手続きをした際、パスポートを忘れてきたらしい。この間におばさんたちは別のボートで島を去り、船長は警察を連れて戻ってきた。

「いつパスポートを持って来るんだ？」

「今日か明日には」と船長は答えた。プエルト・オバルディアからカルティ島まで七時間かかるので、今日一日の足止めは確実だ。

「はぁーっ」船長に聞こえるようにわざと大きな溜息を吐いた。頭を抱え、髪の毛を掻きむしる。演技がかった大袈裟な動作だが、悲劇の男を演じているつもりはない。今まさに悲劇が起こっているのだ。

「パスポートはどこにある？」とプエルト・オバルディアを発つ前に、何度も確認したではないか。「それなのになんでパスポートを忘れたんだ」

不快感を露わにし、語気を荒げる私に、「俺はそんな話は知らない」と船長は言った。確かに私が確認したのは船長ではなく、もう一人の船員だった。

しかしキツネ目の船員は、「忘れたのはこいつだ。俺は関係ない」と責任転嫁を始めた。こういうことがあり得るから、念には念を押して何度も確認したというのに、「大丈夫」と言っていたのがこのざまである。

彼らの過失によって招かれた事態であり、私からしたら到底納得できるはずはない。支払った運賃の一部を返還するよう求めたが、「それはできない」と船長は首を横に振り続けた。海焼けした顔は無表情なままで、謝罪の言葉を口にすることはなかった。

仲介した若い警官が、「今日中にパスポートが届くようにする」と言い、とりあえずこの場は収まった。

「島に滞在中の寝床、食事に関しては彼らが用意する責任がある」

警察がそう言ったにもかかわらず、船長はその言葉に従わず、この日の昼食は一切出されなかった。補償を巡り、さらに揉めた際、このことを警察に告げた。その結果、食事の支払いはすべて船長の負担となり、レストランで食事をとれるようになったが、結局運賃の一部すら戻ってくることはなかった。なんと腹立たしいことか。

寝床は船長の家だ。中央が陥没したベッドは寝心地悪く、数ヵ月は交換していないであろうシーツは色褪せている。

カルティ島にはキビの茎を並べて作った壁に椰子の葉を葺いた簡素な家が多い。食堂や商店、病院に学校、警察など、必要最低限のものはある。水道はないので雨水を溜めて生活用水に使う。貴重な水ではあるが、バケツシャワーを浴びることはできた。

太陽光発電で電力を賄っているため、電気が使えるのは夜の数時間に限られる。暇つぶしにパソコンを開いて、ソリティアで遊ぶこともできない。ハンモックに揺られながら、時間が過ぎるのをひたすら待つしかなかった。

カルティ島を囲む海は透明度が高く、思わず飛び込みたくなるような美しさだ。思い切り泳いで、はちきれんばかりに溜まっているストレスを発散したいところだが、足をつけることすらためらう理由があった。

海に面した家々を見ると、木造の桟橋が海上に突き出ており、簡素な小屋が造られている。それらはすべてトイレであり、糞尿が海に放たれる仕組みになっているのだ。こんなところで泳ぐわけにはいかない。

トイレに入ると便器の下には海水が見える。「ふんっ」と肛門に力を入れ、排泄物が海に落ちた瞬間、魚が群がり、あっという間に食い尽くしてしまう。そんな餌付けは面白く、興味深く観察する。「いっぱい食べて大きくなれよ」と微笑みながら語りかけるが、さすがにこの魚は食べたくない。レストランで出される魚が遠海で獲られたものであることを祈るばかりだ。

微塵も信用していなかったが、「今日中に届くようにする」と警察が言ったパスポートはやはり届かなかった。どうやらパスポートは警察の船で運ばれてくるらしい。

「明日の十二時に来るだろう」と警察は言ったが、やはり来ない。その後も警察に足を運ぶたびに、「十七時に来る」「夜には来るだろう」と言われたが、彼らの言葉通り、船がやって来ることはなかった。

「パスポートを持たないままパナマシティまで歩き、警察本部でパスポートを受け取るというのはどうだ」早い段階でそのような提案もされていた。時間は無駄にならないし、悪くない話のようにも思える。しかしここはパナマなのである。スムーズに事が進むとは思えなかったので、その提案は断った。

同部屋にプエルト・オバルディアへのボートが出航するのを待つパナマ人がいたが、「十日も待ち続けているよ」と彼は言った。警察の話では、カルティ島とオバルディアを結ぶボートは三、四日に一便あるらしいが、不定期なのかもしれない。そう考えると、オバルディアに到着した翌日にボートがあったのは運が良かったが、彼らのボートに乗ったのは不運だった。

カルティ島に着いて四日目の朝、いつものように警察へ行くと、「もうすぐ船が来るから荷物を持ってこい」と言われた。

そしてついに待ち焦がれていた警察のボートがやって来て、迷彩服の警官からパスポートが手渡された。目に涙を浮かべ、ここまで長い日々であった……と苦渋に満ちた日々を振り返りたいところだが、そんな暇はなく、すぐさまボートに乗り込んだ。トゥルボから乗り継ぐこと四艘目はパナマ警察のボートだった。周りを屈強な警官に囲まれ、傍から見れば密入国に失敗した囚われのアジア人のようである。

陸地では十人くらいの警官が待ち構えていて、敬礼で迎えられた。凱旋した気分である。私も姿勢を正して敬礼し、「出迎えご苦労」と労いの声をかけたくなる。

しかしながらパスポートを忘れられた不幸な日本人に対する歓迎ではない。カルティ島から上官を含めて三人の警官が船に乗っており、彼らへの出迎えなのだ。

「君と同じように、僕も船がやって来るのを心待ちにしているんだよ」

カルティ島の若い警官は嬉しそうに話してくれたが、家族も迎えに来ていたくらいなので、久々の休暇で家に戻るのか、あるいはカルティ島での任期を終えたのかもしれない。

パスポートを忘れられるという中米の洗礼は強烈だったが、三日間も足止めを食らい、苦労があった分、なおさら北米大陸の地を踏めたことが嬉しかった。

「ブエン・ビアへ（良い旅を）」

お世話になった警官たちに見送られ、酷暑のパナマを歩き始める。北米大陸の旅が始まった。

コラム3

最高の寝床

世界を歩いて旅する上で最も不安に感じていたのが、どこで夜を過ごすかということだった。日本と違い、どこにでも宿があるわけではない。宿がなければテントを張るしかないが、悪い人間に狙われやしないだろうかと危惧していた。

人目につかない場所というのが野営地の鉄則だ。そんな場所が見つからなければ人家の庭など、確実に人目につく場所にテントを張らせてもらう。

中途半端な場所が一番良くない。エチオピアでは好奇心旺盛な数十人の子供たちに野営地まで付きまとわれ、投石を受けてテントに穴が開くということもあった。

怖いのは人だけではなく、時に動物も恐怖の対象となる。ジンバブエではゾウの糞が散乱する林におそるおそるテントを張った。二〇一一年にカナダを歩いた時は地元民に「クマの嗅覚は敏感だから絶対にテントに入れるな」と言われていた。そんな助言に背いた結果、クマがやって来てテントを押しつぶされたことがあった。「邦人徒歩旅行者クマに襲われ死亡」という新聞の見出しが頭をよぎり、最も命の危険を感じた瞬間だ。

こんな風に書けば野営が怖いものに思われるかもしれないが、旅の楽しみの一つがテント泊なのである。アンデスにパタゴニアの絶景、モニュメントバレーやウルル（エアーズロック）を眺められる場所にテントを張り、コーヒーを啜れば優雅な時間がゆっくりと流れていく。五つ星ホテルにも劣らない最高の寝床は地球上に溢れているのだ。

第4章

火山と民族

中米編

25. ニカラグアにて想う ［パナマ・コスタリカ・ニカラグア］

宿がある新市街は高層ビルが乱立し、スーツをびしっと着こなしたビジネスマンが行き交う光景はシンガポールを思わせた。パナマは金融業が経済の中心で、清潔感ある整然とした首都の新市街を歩くと、いくつもの外資系銀行を目にした。連日莫大なお金が動き、この国の心臓部分に違いないが、湧き立つような熱気を感じることはなかった。

しかし、そこから少し離れると、雰囲気は一変する。色褪せた古い建物が並び、路上に散乱するごみが目立つ。ほんの三〇分離れているだけだが、別の国に来たかのように景色がガラリと変わった。生活感溢れる庶民的なエリアでは街が息づき、喧騒が肌を通して伝わってくる。

そこを抜け、しばらく歩いた先に大きな橋があった。橋の下にあるのはパナマ運河だ。橋を渡った先には中国人のパナマ移住一五〇年を記念して造られた公園があり、朱色の中華門が建てられている。

中国人は古くから世界各地への移住を繰り返し、世界中のいたるところで移民として暮らしてきた。中国人がいないところを探すのが難しいくらいである。もちろん例外はあるだろうが、純血の割合が高い気がする。ペルーやブラジルに渡った日系移民は地元民と結婚したり、三世にもなると日本語を話さなくなったり、日本人としてのアイデンティティを失っていることは少なくない。

しかし、中国人は自分たちの言葉を守りながら暮らし、主要都市では中華街が形成されている。漢字の新聞が流通し、独自のコミュニティが築かれ、中国人の血を守ろうという意識が彼らの中にあるのか定かではないが、民族としての誇りを感じることが多々ある。

パナマにある個人経営の商店はパナマシティーなど大きな街に限らず、旅行者が訪れないような田舎の村までほぼ中国人が経営していた。パナマ滞在中に五〇ほどの商店に寄ったが、九割以上が中国人経営である。もしかしたら中国人がパナマの小売りや流通を牛耳っているのかもしれない。

そんな中国人が経営する商店では、五〇セントの瓶コーラをよく買う。パナマの旅路はとにかく「暑い」の一言に尽きる。パナマ入りしてからは強烈な日差しが照りつける毎日で南米と比べ、暑さが倍増した。休憩のたびに商店へ駆け込んで冷たいコーラを飲み、至福の時を味わうのだ。そんな気候だからか、果物は豊富に採れるようだ。道路沿いにはマンゴーの木が多く、路上にはたくさんのマンゴーが落ちている。

これまで訪れた国々では「買うもの」だったマンゴーだが、パナマでは「拾うもの」らしい。日本でマンゴーを買おうとしたら、海外産の安いものですら一つ数百円はするので、貧乏性の私からしたら、まさに宝の山なのである。

この世に生を受けてから、飽きるくらいに食べてきたであろう地元民は路上に落ちているマンゴーに見向きもせず、私以外に拾っている人はいない。日本で栗を拾う感覚に近いのかもしれない。

これまでの人生で口にしたマンゴーは東南アジアやアフリカなどで計二〇個ほどだったろうか。わずか二四時間で同数の二〇個を完食した。マンゴーがなくなれば拾って貪る。ずっしりと重く、手がべたつくのが難点だが、とろりとした濃厚な甘さが病みつきになる。パナマではすっかりマンゴー中毒に陥ってしまった。

日没が近付き、テント設営場所を探しながら歩いていると、警察の検問所が現れた。

「近くにテントを張ってもいいですか？」

「あの辺りに張ったらいいよ」と警官が指差した先には大きなマンゴーの木があり、その下にテントを張った。しかし、この辺りは延々と何もなく、携帯している水、食料共に十分でなかった。水は警察で分けてもらったが、商店がないので食べるものは何一つない。「うーん、どうしようか」と一瞬考えたが、そんな時はテント周りを歩いてみたらいい。すぐに一〇個のマンゴーを両手いっぱいに抱え、私は満面の笑みを浮かべた。

十七日かけてパナマを歩いた後、コスタリカに入った。パソ・カノアスという町の中に国境があり、二国が分断されている。地面に引かれた黄色い線が国境だが、国境線に跨って建つ店は一体どちらの国に属するのだろう。国境線のすぐ先にはコスタリカの警官が立っていて、赤色のタクシーが何台も停車して客を待っていた。コロンビアもパナマもタクシーは黄色だったので猛烈な違和感があった。新たな国に足を踏み入れたことをタクシーの色によって強く意識させられた。

国境から少し歩いたところで警察車両が停車した。「パスポートを見せてくれ」と先ほど押されたばかりの入国スタンプを確認される。

中南米で職務質問を受けた記憶は一度もなく、いつ以来だろうと思うくらいに久々の職質である。コスタリカは中米で最も安全な国だが、勤勉な警官が多く、治安が維持されているのだろう。入国早々、その片鱗を見せつけられたような気分だ。パスポートをチェックした後も警官は荷物に興味を示していたが、面倒だなと思ったので、「マリファナは持ってないよ」と自己申告すると、すぐに解放された。

ジャングルのように鬱蒼とした緑が広がり、青空を大きな入道雲が漂っている。東南アジアのボルネオ島を思い出させる景色だ。パナマの旅路は単調で退屈だったが一転して面白くなった。コスタリカは国土の四分の一が国定公園や自然保護区に指定されており、自然豊かな国だ。紙幣にも小額のものから順に鹿、サメ、サル、ナマケモノ、ハチドリが描かれている。

大きなくちばしを持つアカハシムナフチュウハシやハチドリなど色鮮やかな鳥を頻繁に目にし、木々の間をサルの群れが身軽に動き回っている。まさに動物たちの楽園だ。

カララ国立公園近くでは、橋からカフェオレのように茶色いタルコレス川を見下ろすと、川面に潜水艇のような物体がいくつも浮かんでいるのが見えた。目を凝らしてよく見るとクロコダイルである。岸にもたくさんのクロコダイルが寝そべっており、川の中のものも合わせるとその数なんと三〇頭。気持ち良さそうに眠っているが、大きな口を開け、あくびをした時はノコギリのように鋭い歯が見え、戦慄を覚えた。コスタリカでは河原にテントを張ることが何度かあったが、さすがにこの光景を目にした後は川に近付くことを自重せざるを得なかった。

そして私はニカラグアに入った。三日目に到着したグラナダはスペイン人がニカラグアで最初に創設した歴史ある古都でコロニアルな建物や教会が建ち並んでいる。町に足を踏み入れた瞬間、この町が好きだという直感が働いた。狭い路地の両側には露店が並び、怒号やクラクションを轟かせながら多くの人と車が行き交う光景はアフリカを思い出させた。パナマとコスタリカは、どこか上品で秩序あるものだったが、弾けんばかりの喧騒を前に、「これが中米か」と気持ちが高揚するのを感じた。

物価の高いパナマ、コスタリカでは前夜に作ったツナの炊き込みご飯をタッパーに入れて昼食にしていたが、ニカラグアは物価が安く、一品六〇コルドバ（二二〇円）前後で食べることができる。

チキンや豆と一緒に主食の米が皿に盛られているにも関わらず、薄いパンが添えられていた。どのように食べたらいいのか戸惑ってしまう。このトルティーヤはトウモロコシの粉で作られ、中米で広く食べられている主食だ。米は主食ではなく、おかずの一つらしい。

一泊五ドルと宿代も安いので、グラナダではゆっくりと三泊を過ごすことにした。そして私はこの小さな町で東日本大震災の被災地を離れ、新たな生活を始めた日本人男性と出会った。


グラナダの中心にあるのがコロン広場だ。黄色い建物に赤屋根の鐘楼を持つグラナダ大聖堂と市庁舎が面し、観光用の馬車が列を成している。

広場から近い路地裏に「乾杯」という日本食レストランがあった。内装に使われた竹や瑞々しい観葉植物が凛とした和の雰囲気を作り、ランプシェードがやわらかな明りを灯している。これまで訪れた海外の日本食レストランとは異なる、おしゃれで落ち着いた雰囲気である。和洋さまざまなお酒のボトルが並ぶカウンターにいたのが杉本さんだった。

宮城県石巻市出身の杉本雅哉さんは仙台市内でバーを開く予定だったが、その物件の視察日に東日本大震災に見舞われた。幸いにも家族は無事で、ガレキや泥だらけになった実家を一ヵ月かけて掃除した。その後、再び仙台に戻ったが、震災は杉本さんの人生観を大きく変えた。

「いつ人生がどうなるか分からない。やりたいことがあるなら今やらないと……」

震災から半年後の二〇一一年九月、夢だった世界一周へと旅立った。中国からユーラシア大陸を西回り、あるいはカナダからアメリカ大陸を南下など、旅の始まりの国というのは十人十色、人それぞれだと思うが、杉本さんが最初の渡航国に選んだのはニカラグアだった。日本人の何割がニカラグアという国を認知しているだろう。どこにあり、首都の名前を知っている人はどれくらいいるだろうか。

「なんでニカラグアだったんですか?」

「ニカラグアには自分の名前と同じマサヤという都市があるんですよ」と杉本さんはいたずらっぽく笑った。

「えっ?」予期せぬ返答に啞然としてしまい、その直後、ふつふつと笑いが込み上げてきた。なんなんだ、この人は……。

　小学生の頃、英和辞典に自分と同じ名前があるのを見つけ、「ニカラグアの都市」と書かれていたことを思い出したのだという。情報はそれだけだったが、「知らない国だからこそ面白い」と考え、マサヤがあるニカラグアへやって来た。

　しかし、世界一周の旅は一ヵ国目のニカラグアで早くも終わりを告げる。グラナダに長期滞在していたところ、当地でカフェを経営するフランス人と仲良くなり、「店を継がないか」と声をかけられた。しかしまだ世界一周の旅の途上である、しかも一ヵ国目なのだ。普通なら聞き流すところだが、杉本さんはその誘いを受諾し、日本食レストラン「乾杯」を始めることになった。

　だが、日本とは大きく異なる環境に、おおらかな国民性のニカラグアである。注文した家具の納期は二週間以上遅れ、五日で発行されるはずの酒類販売免許の取得に二ヵ月かかった。衛生局の職員は「早く免許がほしいなら」と賄賂を要求し、レストランのオープンは予定より七ヵ月も遅れた。紆余曲折を経てのオープンから五年が過ぎたが、日本人のみならず地元民、外国人旅行者からの評価も上々だ。

テーブルに着くと、箸置きとして紙で折られた鶴が置かれ、和心を感じた。ここで食べたとんかつ定食はまさに日本の味だった。

「震災によって人生が変わった」と杉本さんは話す。それはそうだろう。仙台でバーを始める予定が、今はニカラグアで日本食レストランを経営しているのだから。

「今の生活に満足していますか？」

口にするのがはばかられ、逡巡したが、恐る恐る質問を投げかけると、杉本さんは一瞬神妙な面持ちになり、「はい」と迷いのない返事があった。その返答にどこかほっとした気分にさせられた。常連客が続々とやって来て、杉本さんが働くカウンターにはたくさんの笑顔があふれ、笑い声に包まれていた。


東日本大震災が発生した日、私はカナダ・トロントで旅を中断し、働きながら一冬を過ごしていた。職場に出勤すると、同僚であるエチオピア人とインド人が、「日本で地震があったぞ」と教えてくれたが、日本は頻繁に地震が発生する地震大国なのである。「そんなのいつものことさ」と聞き流し、気にも留めなかった。滞在していたゲストハウスに帰った後、テレビに映し出された光景を見て、呆然と立ち尽くしたのを今でもはっきりと覚えている。

得られる情報はインターネットの記事と現地のニュースに限られ、どこか遠い国の出来事のようで現実味のないものに思えた。その後、トロントのダウンタウンに設置されている大型ビジョンには大きな日の丸が頻繁に映し出された。「Songs for Japan」という復興支援CDの広告だった。「日本が大変な時にこんなことをしていてもいいのか」と何度も自問したが、私は歩き続けることを選んだ。

北米大陸横断のゴールが目前に迫った二〇一一年十月、私はカナダ・レイクルイーズのホステルにいた。同部屋の韓国人旅行者は既に眠りに就き、真っ暗な部屋はしんと静まり、パソコンモニターが発する光だけが浮かんでいた。ベッドで横になり、メールボックスを開くと、一通のメールが入っていた。差出人は福島県浪江町で被災した学生時代の友人だった。震災の一週間後に無事を知らせる連絡をもらっていたが、それ以来、七ヵ月ぶりのメールだ。

「原発のおかげで何も復興しないけど一歩ずつだな。なんか救われたわ。サンキュー!」

当時私が旅の様子を綴っていたブログを読んでくれたらしい。モニターに映し出された文面に言葉を失った。色々な思いが絡み合い、心の奥底で熱い感情が静かに沸き立つ。微かな震えが体中に広がっていった。

私の旅は自分のためのものである。誰かのために歩いてきたつもりはなかったが、一歩一歩積み重ねることの大切さを再確認するきっかけとなり、今でもこの言葉に励まされている。

ニカラグアで六度目の「3・11」を迎えた杉本さんは、「やはり特別な日。当日は電気を消し、ロウソクだけで営業します。当時を思い出し、生かされていることに感謝する」と話す。

記憶を風化させたくないという思いは強く、お客さんに震災の話をすることも多いという。「記憶の風化」という言葉にドキリとし、胸に突き刺さった。遠く離れたニカラグアから被災地と友人のことを想った。

26. 危険な中米 ［ホンジュラス・エルサルバドル］

インターネットで「世界の殺人発生率ランキング」を検索してみると、いくつかのサイトが出てくる。多少の違いはあるものの、どれも似たり寄ったりで、ホンジュラスとエルサルバドルは殺人事件の発生率が高い上位三ヵ国に必ず入っている。

二〇一八年十月には母国の治安の悪化や暴力から逃れたいホンジュラス市民が群衆となってアメリカを目指し、「移民キャラバン」などと呼ばれ、世界中で大きく報道された。

日本を発つ前、新聞連載でお世話になっている毎日新聞鳥取支局の松本博子支局長（当時）が壮行会を開いてくれた。同支局のデスクは中南米に通ずる人で、「チリ、コロンビア、コスタリカは『三C』と呼ばれ、美人が多い国ですよ」と鼻の下を伸ばしながら、有益な情報を教えてくれた。しかし安全面の話になると、一転して真剣な面持ちになり、「南米も危険だけど、それ以上に中米の治安はやばいです。くれぐれも気を付けてください」と言っていたことを思い出す。

友人のカナダ人サイクリストはニカラグアからエルサルバドルまで船を使ってホンジュラスを避けた。別のサイクリストは、「エルサルバドルが危険だ」と判断し、エルサルバドルを避けてホンジュラスをたっぷりと走った。

どちらも安全な国ではないが、人によって言うことが違うので少々困る。中米で出会ったサイクリストがチームを組んで走ることもあるが、危険な中米を歩きたいという命知らずの人間はいないので、私は相変わらずの単独行である。

ホンジュラスを回避することも考えたが、同国での予定ルートはわずか一三〇キロ。三日もあれば歩き抜ける距離だし、ルート上に治安が悪そうな大都市はない。何よりこの国を見てみたいという思いがあったので、歩くことに決めた。ここからが本当の戦いだと自らを鼓舞し、頬を張って気合を入れる。

本来なら暗くなってからの越境は避けるべきだが、ニカラグアからホンジュラスに入ったのは日没後のことだった。グアサウレという国境の小さな町には数軒の宿があったが、常日頃テント生活を送っているので、宿代は無駄であると考えている。食べることは生きていく上で欠かせないが、お金を使わなくとも寝ることはできるのだ。数台のバスが停まっている施設にテント設営の許可をもらえたのでテントを張った。

ホンジュラスの通貨レンピーラを持っていないので、テント設営後、国境にたむろする両替商を探して両替をした。アジアでもアフリカでも国境には銀行があるか両替商がいるのである。

入国したばかりでこの国の物価を把握できていないが、瓶コーラは十一レンピーラ（五五円）だった。ニカラグアでは一ドル（一一〇円）で三本買えたのに、コーラの値段が上がったのは少しばかり悲しい。猛暑の中米では冷たいコーラが欠かせないのだ。

空が幻想的なピンク色に染まった翌朝、ホンジュラスを歩き始めると、とにかく道がひどかった。路上には隕石が落ちたかのように大きな穴がいくつもあいている。「なんじゃこりゃ」とぼやきながら、右へ左へと動き、穴を避けながら前進していく。ニカラグアには日本が支援して造られた道路があったし、中南米はどの国も路面状態が良かったので、道路に関しては群を抜いて最悪だ。

シャベルを手に道路を補修する少年の姿を何度か目にした。賃金をもらって本格的に道路補修しているのではなく、穴に土を詰めるだけの簡単な補修作業だ。「俺のおかげで快適に走れるんだから金をよこせ」と車が通過するたびに手を差し出し、チップを要求していたが、無情にも車は素通りしていく。

しばらく歩くと屋台が現れた。肉を焼く煙が漂い、香ばしい匂いが食欲を刺激する。肉を炭火で焼いたバーカという料理は表面がパリッと焼かれ、噛むごとに肉の旨味が口の中に広がった。道はひどいが飯は美味い国のようだ。食事を終え、お金を払おうとしたら、「料金はもらっているわ」とおばさんが言った。相席だったおじさんが私の分も払ってくれたらしい。

サン・ロレンソという町で昼食をとった時、水を補給させてもらおうと思ったが、「飲用できる水はないよ」と言われた。その様子を見ていた自動車修理屋の男性が、「こっちにおいで」と手招きし、小さな袋に入った水を両手で抱えきれないくらいにくれた。水道水を飲むことができない環境なので、ビニール袋に入った〇・五リットルの安価な水が広く流通しているのだ。

夕方、テント設営場所を見つけられないまま歩き続けていたら、「雨が降るぞ。早くどこかに逃げろ」とおじさんに声をかけられた。灰黒色の不穏な雲が空を覆っていたが、その言葉通り、すぐに雨が降り始めた。砲音のように低く重い音が何度も轟き、耳を塞ぎたくなる。激しさを増した大粒の雨は狂ったように地面を叩いた。

バーの軒下へ逃げ込み、雨宿りをさせてもらった。暗くなる前に寝床探しをしたいところだが、時間はどんどんと過ぎていき、雨が止む頃にはすっかり暗くなっていた。「今から寝床を探すのか……」とうんざりした気分だったが、「うちにテントを張ったらいいよ」と救いの手が差し伸べられた。バーに隣接する家の屋根下にテントを張らせていただく。

ネガティブな印象と不安しかなかったホンジュラスだが、人の優しさに触れることが多く、私が歩いたルートに関しては危険な雰囲気など微塵も感じられなかった。世界で最も殺人発生率が高い国という事実を信じることができない。

この国に対する印象は良い意味で裏切られ、わずか三日間歩いただけでは物足りないくらいだった。もう少し歩いてみたいという気持ちが芽生えたことこそ、ホンジュラスを訪れた最大の成果なのだろう。

翌日、エル・アマリージョ国境に架かる橋を越えて、エルサルバドルに入った。私がエルサルバドルという国名を初めて認識したのは一九九七年に放送された『バージンロード』というテレビドラマだった。ドラマの終盤でフリーのルポライターを演じていた反町隆史が戦場カメラマンとしてエルサルバドルへ向かうシーンが描かれていた。

約十二年間続いた内戦は終結したが、前述した通り世界最悪レベルの殺人発生率である。内戦中に流出した武器が大量にあり、マラスというギャング集団がこの国の治安を著しく悪化させている。

汐見荘で出会った宇佐美君が首都サンサルバドル近郊で白昼堂々強盗被害に遭い、身ぐるみ剥がされる事件があった。命からがら逃げ延びた本人から事件の詳細を聞いていることもあり、中米で最も不安を感じているのはエルサルバドルで、北米から南下してくるサイクリストと会うたびにこの国の治安を確認していた。

最近通過したサイクリストの話によると、総じて「ノープロブレム」らしい。徒歩で中米を縦断した前例もいくつかあるが、エルサルバドルで事件に巻き込まれたという話は聞いたことがない。それらの話は多少の気休めにはなるが、私が安全に歩き抜けるかは別の話であり、やはりすべては運次第なのだ。

エルサルバドルを歩き始めると、リヤカーの持ち手を握る拳は緊張の汗で滲んでいた。ホンジュラスと同じように、強い日差しが照りつけ、暑さと上り坂でぐったりと体が重い。商店が点在し、冷たいものを買えるのは救いだ。ここでも袋入りの水が売られ、〇・五リットルの水が二つで二五セント（二八円）だった。

夕方、ホコロという町に辿り着いた。消防署があればテントを張らせてもらうつもりだったが、ここに消防署はなく、ガソリンスタンドではテント設営を拒否された。銃を持った警備員がガソリンスタンドに常駐しているのを見ると、この国の治安を物語っているかのようで不安になる。銀行ならまだしも、なぜガソリンスタンドに武装警備が必要なのだ……。

その直後、黒い覆面で顔を隠した四人の警官が若い男を尋問しているのを見て不安は増長された。マラスをはじめとする犯罪者からの報復を恐れ、警察は素顔を晒すことができないのだ。入国初日だが、とんでもない国に来てしまったと早くも思い、ホンジュラスへ引き返したくなった。

「今夜はどこで眠ることになるのだろう……」

治安が悪い国で日没後も歩き続けると、恐怖と不安に胸を締めつけられ、心細さを覚える。焦燥に駆られ、自然と早足になっていく。しばらく歩いた先にレストランがあり、その裏に広い空地があった。テント設営のお願いをすると、レストランの男性は土地の所有者に連絡してくれて、なんとかテントを張ることができた。

毎日無事に歩き終え、無事に朝を迎えること。当たり前のようだけど唯一にして最大の課題だ。エルサルバドルではどこで夜を過ごすか大きな不安になる。絶対に人目につかない場所というのが野営地の絶対条件だが、そんな場所が見つからない場合、逆に多くの人目につくところにテントを張る。

教会やガソリンスタンドにテントを張ることが多いが、都合よく日没頃に現れるとは限らない。ある日、商店の横に広々とした敷地があったので、おじさんに「テントを張らせてもらえませんか」とお願いしたところ、あっさりと許可してくれた。あまりにあっさり過ぎたので、意思疎通が図れているか不安を感じ、何度か念を押して確認したくらいだ。さらには「シャワーを浴びて汗を流しなさい」と言ってくれた。危険と言われる中米でも人の優しさは他の国々と変わらない。一般市民は穏やかで、彼らに助けられる毎日なのだ。

その後、エルサルバドル第四の街サン・ミゲルを通過し、西進していく。ある朝、目を覚ますとすでに明るく、腕時計に目をやると五時二〇分だった。いつもなら歩き始めている時間である。寝坊してしまったようだ。

ニカラグア・レオンを発ってからの一週間、酷暑の中を一日平均五五キロのペースで歩き続けていた。疲労が蓄積し、重たい泥の中にいるかのような倦怠感に包まれていた。

一〇キロ歩いたところに小さな屋台が現れた。「何か食べたら体調が上向くかもしれない」と思い、立ち寄ってみると、ププサという料理を出す屋台だった。「ププサをお願いします」注文を受けた主人はププサを鉄板の上で焼き始め、皿に載せられた三つのププサが運ばれてきた。

ププサがどんな料理なのかまったく知らなかったが、見た目は焼き色がついた餅のようで、料理というよりは手軽に食べられる軽食という感じだ。ププサはとうもろこし粉の生地にフリホーレスと呼ばれる豆とチーズを包み、平たく伸ばして鉄板で焼かれる。フリホーレスに甘みはないが、見た目は小豆そのもので、それも相まってなおさら餅のように見えてしまう。

テーブルにはクルティドというキャベツの酢漬けとトマトソースが置かれていた。「さてはこいつ食べ方を知らないな」と察した主人が、トマトソースとキャベツを皿に添えてくれた。

焼き立てのププサにかぶりつくと、口の中で濃厚なチーズがとろけ、思わず表情が緩む。ププサだけだと大味だが、二口目はそこにクルティドをはさみ、トマトソースをかけて口に運ぶ。その瞬間、ププサは進化を遂げ、新たな世界が現れた。シャキシャキとした食感とトマト

エルサルバドル名物ププサに舌鼓を打つ

の酸味が加わり、クルティドのツンとした酸っぱさが味を引き締める。店によってクルティドとトマトソースの味は異なるが、クルティドもププサの味を引き立てる重要な要素の一つなのだ。

初めて口にしたププサは想像以上に美味しく、さらにもう一皿追加した。肉入りもあるが、最も安いフリホーレスなら三、四個のププサが一ドルと財布にやさしい。すっかり気に入ってしまい、この日以来、エルサルバドルではププサが主食となり、楽しみの一つになった。

エルサルバドルを抜け、グアテマラを目指すには内陸と海岸沿いの二つの道がある。内陸の道には危険都市の首都サンサルバドルがあり、私は比較的安全な海岸沿いを選んだ。ラ・リベルタードという海に面した町に港はないが、桟橋からクレーンで漁船を吊り上げ、陸に上げる様子が面白い。漁船には獲れたばかりの魚が積まれている。隣接する市場は潮の香りが漂い、新鮮な魚介が並ぶ。エル・トゥンコをはじめとする海沿いに点在する町には波を求めてやって来たサーファーが多く、危険な雰囲気は感じられなかった。

海岸線に沿った道はアップダウンが多く、体に負担がかかる。太陽が高く昇るにつれ、容赦ない日差しが照りつけてきた。徐々に足を止める回数が増え始め、力強さを失った足は意思に反して思うように動かすことができない。体は熱を帯び、口からは熱い息が漏れた。軽度の熱中症かもしれない。

体調不良もあって国境が遠く感じられた。トラックの長い車列の先にようやくラ・アチャドゥラの国境が見え、「もう少しだ」と力を振り絞って足を動かした。どっしりと重い疲労感に侵されていたものの、最も危険と考えていたエルサルバドルを歩き抜いたことで、肩の力がどっと抜け、不安と心労を溶かすような安堵が心の中に広がった。

その一方で名残惜しいのはププサである。エルサルバドル全土で食べることができたププサだが、グアテマラでは食べることができないのである。ププサとの別れを惜しみ、国境の小さな食堂で最後のププサを味わい、私はグアテマラに足を踏み入れた。

27. 火山バカ ［グアテマラ］

深夜一時過ぎ、建物の揺れに気付き、目を覚ました。不気味なほどに静まり返った暗闇の中、ミシミシと嫌な音だけが響いている。息をじっと潜め、揺れが鎮まるのを待ち続けた。グアテマラの建物はレンガを重ねただけの簡素なもので、日本の耐震基準を満たしたものなどないに等しい。私がいる場所も例外ではなかった。

「ここにいて大丈夫なのだろうか……」

揺れが鎮まった後は猛烈な不安に襲われた。一刻も早く離れなければという衝動に駆られ、テントこそ最も安全な寝場所だと再確認する。

アンティグアは、かつてグアテマラの首都だった。しかし、一七七三年の大地震で町の大部分が破壊され、遷都されたという歴史を持つ。情緒ある石畳の道には優しい色遣いで統一されたコロニアル様式の建物が並んでいる。世界遺産に登録された美しい町であるが、大地震から二五〇年近く経った今でも崩壊した教会や修道院が放置されたままで、地震の大きさを物語っている。そんな歴史が恐怖心に拍車をかけた。

二十年超に渡りグアテマラで暮らしているペンション田代の主人曰く「グアテマラに来て以来最も強かった」という今回の地震はメキシコを震源とするものでマグニチュード六・

九。さらにその一週間後にもマグニチュード六．八の地震が発生した。

地震は火山の噴火を誘発するといわれ、その関係はとても深い。だからかアンティグア近郊にあるフエゴ火山は最近火山活動が活発で町の中心からも噴煙を上げる火山を遠くに眺めることができる。

フエゴ火山との最初の出会いはアンティグアを目指し、歩いていた時のことだった。前夜に泊めてもらった教会を出発して間もなく、左側に左右対称の美しい三角形をしたフエゴ火山が姿を現した。

日の出と重なり、もくもくと立ち上る噴煙が淡いピンク色に染まっている。幻想的な美しさにしばし足を止めて見とれた。アンティグアの近郊に活火山があることは知っていたが、火山の噴火を実際に目にするのは初めてなのだ。短い間隔で噴火が頻発することに驚き、ここまで火砕流が押し寄せることはないのだろうかと若干の不安を覚えた。この景色を眺めながら歩けば、上り坂など苦にならず、楽しい歩行になると思ったが、次第に雲が空を覆い始め、やがて火山は見えなくなった。

フエゴ火山の隣にあるアカテナンゴ火山に登ると、間近で噴火を見ることができるため、旅行会社から連日ツアーが催行され、人気を集めている。私はツアーに参加せず、テントと食料をバックパックに詰め込み、単身アカテナンゴ火山へ向かった。

バックパックはずっしりと重く、背中は汗ばんでいた。息を切らしながら黙々と歩いていくと、眼下に見える町や集落はどんどん小さくなっていく。着込んでいた服を脱ぐと、すぐに汗が冷え、体は熱を失った。濡れたシャツに肌が触れると、ひんやりとした心地があり、身震いする。

登山口からしばらくは鬱蒼とした森が続いていたが、高度を上げるにつれ、木はまばらになっていき、広葉樹は姿を消した。山頂が近付くと斜面はさらに急になり、火山灰の深い土に苦労しながら、一歩一歩足を踏み込んだ。

標高三九七六メートルの山頂まで歩くこと六時間、ついにフエゴ火山が目の前に現れた。山頂には誰もいない。吹き抜けていく風音に呼吸音、ザッザッザッと地を踏む靴音以外に音は存在しなかった。

静寂を切り裂くかのように、「ドゥオーン」という轟音と共に入道雲のような黒煙が空高く上る。挨拶代わりの噴火だった。私は一歩も動くことができず、立ち尽くしていた。噴き出された煙が大気に溶け込み、消えていくまで息を呑んでじっと見つめる。

目の前のフエゴ火山まで直線距離にして三キロほどだろうか。日本なら万が一を想定して立ち入りが規制されそうだが、ここでは自己責任のもとで立ち入りが許されている。

活発な時は五分に一回の頻度で爆発し、腹に響くような轟音と共にマグマを噴出する。圧巻なのは夜だ。まるで花火のように真っ赤な光の軌跡が闇夜に浮かび上がった。溶岩が稜線を転がっていき、山肌を赤く染める。フエゴ火山の「フエゴ」はスペイン語で「火」を意味するが、その名前にふさわしい火山だ。

標高四〇〇〇メートル近い場所なので、日没後は一気に冷え込む。持参した雨具も着込み、コーヒーを飲んで体を温める。新たな噴火が起こると、揺らめく白い湯気に赤い光が滲んだ。

圧倒的迫力の地球の営為を目の当たりにして、感動のあまり言葉を発することができず、寝る間も惜しんで、ひたすらじっとフエゴ火山を眺め続けた。

朝を迎えると地平線の色が刻々と変化していき、グラデーションが濃くなっていった。

それが最高潮に達した時、真っ赤に燃える太陽が顔を出し、世界を新たな色に塗り替えていく。生まれたばかりの朝の光を全身に受け、寒さのあまり硬直した頬は朱色に染まり、徐々に熱を取り戻していくのを感じた。

自然の猛威は時に残酷であり、無力感に打ちのめされることも多々あるが、想像を遥かに超えるエネルギーに人は惹かれる。それが未知のものであれば猶更だ。一つの景色にこれほどまでに夢中になるなんて自分でも信じられなかった。

「もう一回行ってこよう」

火山の魅力に憑りつかれた私はアンティグア

噴煙を上げるフエゴ火山

に戻るや否や、再びアカテナンゴ山へ向かった。フエゴ火山がよく見える一等地にテントを張る。マットを敷いて寝転がれば、目の前には悠然と火山が聳えている。「ドゥオーン」と爆音を轟かせ、夜空に弾け散るマグマに心が震えた。しっかりと目に焼き付け、微かに漂う硫黄臭を体に染み込ませる。もう心残りはない。翌日、「ありがとう」と「さようなら」をフエゴ火山に向かって呟き、山を下った。

しかしアンティグアに戻り、宿の屋上から闇の中を乱舞するマグマを見るたびに心が浮き立ち、衝動を抑えることができなかった。「も、もう一度だ」とアカテナンゴ山へ向かうミニバスに乗り込んだ。

三度目の火山を存分に堪能し、アンティグアに戻るが、中毒者であるかのように禁断症状が現れる。「また行くのかよ」と苦笑いしながら、食料とキャンプ道具をバックパックに詰め込んだ。

結局、私は四度もアカテナンゴ山へ足を運んだ。これだけ登るとルート上に何があり、どこが最もきつくて、どこから楽になるか、携帯すべき水の量などすべて把握している。登山のスピードも早くなり、「久しぶりだなマサ、また来たのかい」とツアーを案内するガイドに名前と顔を覚えられ、テントにコーヒーが差し入れられるまでになった。

アンティグアにいる時もフエゴ火山に顔を向けることが多く、毎日天気予報をチェックして火山日和の日を探していたくらいだ。大きな噴煙が上がると全身が痺れ、思春期の少年が恋心を抱くのと同じように私はフエゴ火山に恋していた。

そんなに好きなら火山が見える場所に長逗留すればいいではないかと思われるかもしれないが、パタゴニアやアンデス山脈でのトレッキングとは違い、ルート上に小川や水場がなく、水を補給することができないのだ。それに私が訪れた六月は雨季なのである。好天日を狙って山に登るが、晴天が続くことはめったになかった。

最後の登山は雲一つなく、ガスに覆われることもない絶好の条件下だった。昼過ぎに野営地に着いてから深夜二時まで、実に十二時間も火山と向き合い続け、すっかり「火山バカ」になってしまった。

寝袋に潜り込んで目を閉じた。幾度となく響き渡る轟音は子守歌にしては大きすぎたが、心地良い疲労感に包まれた私はうつらうつら深い眠りに落ちていった。

28. 名前が取り持つ縁［グアテマラ］

「コモテジャマス？（名前は何ですか）」

旅先で出会う地元民に名前を尋ねられる時、いつも「マサ」と返しているが、中米で笑われることが多くなった。スペイン語で「マサ」はトウモロコシなど穀物の粉に水を加えてこねた生地のことを指す。中米ではトルティーヤという伝統的な薄焼きパンが主食として定着しており、「マサ」はその材料なのだ。そんな理由に苦笑いしつつ、「名前で笑いをとれる男なのだ」と私は前向きに考える。

古代マヤ文明が栄えたグアテマラの約四〇パーセントを先住民が占める。先住民は各々の言語を用いており、その数は二三言語になるという。ウィピルという色鮮やかな民族衣装が受け継がれ、先住民の女性は日常的に着用している。面白いことに鳥や花など、村ごとに刺繍の柄や特徴、色彩が異なるので、マーケットの開催日に合わせて先住民が暮らす村を巡ってみることにした。迫力満点の火山やマヤ文明の遺跡も良いが、伝統を受け継ぎながら暮らす人たちの生活を垣間見ることができるのもグアテマラの魅力なのだ。

村を訪れるたびに新たな世界が現れた。マーケットでは同じ色で統一されたウィピルを着た女性が行き来する姿は壮観だ。軒先では機織りに勤しむ人の姿も見られる。幼い孫娘を抱いた老婆の姿があった。共にウィピルを着ており、こうして伝統が受け継がれていくのだと実感する。この幼い女の子もいつかは母となり、老婆になる。彼女はウィピルを着続け、自分の子供や孫にも同じようにウィピルという服飾文化を引き継いでいくのだろう。

私がグアテマラで訪れた町や村の中で最も印象深かったのがトドス・サントス・クチュマタンだ。グアテマラ西部に位置するウエウエテナンゴから約四〇キロ離れた標高二五〇〇メートルの山中にこの小さな町はある。秘境というにふさわしい場所だ。

町に足を踏み入れた瞬間、「えっ」と思わず声を上げた。世界が一変したことに戸惑い、頭の中が真っ白になった。すーっと感情の波が引いた直後、血がたぎり、興奮が怒涛のように押し寄せてきた。

ここには今まで訪れたどの町とも決定的に違うものがあった。これまでは色鮮やかな女性の民族衣装が主役だったが、トドス・サントス・クチュマタンでは男性の民族衣装着用率が非常に高いのだ。

グアテマラの男性や子供の間では民族衣装の文化は廃れており、日本と変わらないジーンズやシャツを着用している人が大部分を占める。だがここでは、ほぼすべての男性が襟と袖に刺繍が施された青のストライプのジャケットを着用し、赤白ストライプのズボンをはいている。

大人だけでなく、小さな子供や年頃の若者も同じ民族衣装を身に纏い、彼らの生活の中に根付いている。襟元の刺繍のデザインが微妙に異なっていたり、若者はズボンにパッチワークを施して細部にこだわり着こなしている。その姿からは民族と村の誇りを感じた。

端から端まで一〇分もあれば歩けてしまう小さな村だが、マーケットが開催される土曜日は所狭しと露店が並び、近隣の村からも多くの人がやって来る。中央広場とメインストリートは人でごったがえし、男たちが同じ民族衣装を着て、町を闊歩する光景は圧巻だ。見渡す限り赤白ストライプのズボンをはいた男たちで溢れている。これまで見たこともなく、知ることすらなかった世界が目の前に広がり、異世界に迷い込んでしまったかのような錯覚に陥った。この場所で「今」という時を過ごしていることが不思議に思えた。

私はすっかりこの町を気に入ってしまい、彼らが着用している民族衣装のジャケットを購入した。元々フレンドリーな人が多い村だったが、同じ民族衣装を着ることで彼らとの距離はさらに縮まり、温かなものが通い合った気がする。

「コモテジャマス？」

ここでもまたいつものように名前を尋ねられた。照れ笑いを浮かべながら「マサ」と答えると、おじさんの浅黒い顔に笑みが浮かんだ。

「『マサ』はスペイン語でトルティーヤの生地だけど、私たちのマム語ではリンゴを意味するんだよ」

その言葉に私も思わず笑みをこぼし、おじさんから差し出された手を握った。そして彼らと同じ場所で同じ時間を共有していることに得も言われぬ幸せを感じるのである。

29. おふくろの味 ［メキシコ］

モスグリーンで統一された軍の車両が頻繁に行き来していた。何かに備えるように機関銃を持ち、覆面で顔を隠した兵士を連日何度も目にしている。前方から新たに軍の車両がやって来たが、もうすっかり慣れてしまい、いつものことである。しかし荷台に乗った兵士が何かを道路に放り投げ、「拾え」とジェスチャーで示した。

足を止め、道路上に投げられたものを取りに近付くと、緑色のパッケージでポテトチップスのように見えた。携帯している行動食が尽き、周辺に商店もなく、私は腹を空かせて歩いていた。そんな状況だったので待望の差し入れに心を弾ませた。大きな袋だし、徳用サイズのポテトチップスに違いない。パリッという食感、ほんのりとした塩味、噛みしめるごとに広がるジャガイモの風味……。ポテトチップスを食べる姿を頭に思い浮かべ、涎が滴り落ちる。

しかし、手にしたものはずっしりと重く、ポテトチップスでないのは明らかだった。がっかりしながら、「何なんだ?」とパッケージを見ると「ATUN」とある。スペイン語でツナを意味する単語である。しかも一・八キロという業務用サイズでとんでもない量だ。私が連日ここを歩いている姿を見てくれていたのだろうか。しかし、どうやって大量のツナを消費したらいいのか……。嬉しい差し入れだけど、とても悩ましい。

西の空が淡い赤黄色に染まった夕方、別の軍車両が前方で止まった。中年の兵士がこちらへやって来て、穏やかに微笑みながら水が二四缶も入った箱を渡してくれた。メキシコでは水道水を飲むことができず、飲料水は貴重なので嬉しい差し入れだ。

それにしても、なぜ今日はメキシコ軍がこんなにも差し入れをくれるのだろう。ツナと水で一〇キロも重量が増したけど、とてもありがたい。ムチャス・グラシアス！

その翌日のことだ。歩き始めて一時間ほど経ったところで、強い揺れを感じた。長い揺れではなかったし、路上なので家屋倒壊の危険はない。恐怖心は感じなかったが、電線は大きく揺れ、道路を走っている車も安全のため、停止している。グアテマラにいた時もメキシコを震源とする地震が何度かあったが、比べ物にならない強さだ。その後も何度か余震が発生し、建物から逃げる人の姿もあった。

さらに歩いたところに町が現れた。スーパーマーケットで買い物をするつもりだったが、なぜか二軒のスーパーは閉まっている。一軒だけならまだしも、二軒も休みだなんて珍しい。今日は祝日か特別な日なのかもしれない。そんなことを考えたが、ガソリンスタンドに併設されたコンビニまでもがシャッターを下ろした状態で、猛烈な違和感を覚えた。絶

か？」

「スーパーもコンビニも閉まっているけど、どうしてですか？　土曜日は休みなんですか？」

地元民のおじさんに尋ねたところ、「朝の地震のせいだよ」と教えられた。「スーパーが休業するほど大きな地震でなかったのでは？」と思ったが、「地震で転倒したよ」とおじさんは足に負った傷を見せてきた。屋内と屋外とでは揺れの感じ方が違うだろうし、陳列された商品が散乱するくらいに大きな地震だったのかもしれない。

「スーパーは閉まっているから何も買えないけど食料はあるの？」とこんな状況下でも気遣ってくれる人がいて、メキシコ人の優しさを再確認する。

その後、インターネットに接続し、ニュースを見ると、日本でも朝の地震について報道されているようだった。マグニチュード六.一の地震で、震源地は「先日の地震で大きな被害を受けたフチキタ」であることを知った。歩行終了後、テントで地図を広げ、フチキタがどこにあるのか調べてみると、なんとまさに朝通過した町がフチキタだった。すべての店が休業していたあの町が震源地だったとは……。

「先日の地震」というのはアンティグアを発つ前夜の地震だ。チアパス地震と呼ばれ、約九〇人の死者が出た。強い揺れではなかったが、グアテマラでも揺れが長く続き、海上で波に揺られる小舟のような錯覚を覚えた。マグニチュードは八・一。フチキタを通過した際は建物が倒壊し、電柱が傾いている景色を目にしたが、地震の傷跡だったのだ。町外れには仮設の救護所が設けられていたし、頻繁に行き交う軍の車両は災害支援のために派遣されたのだろう。差し入れられたツナと水は救援物資に違いないとすべて合点がいった。この夜も強くはなかったものの、大地が揺れるたびに目を覚ました。

私がグアテマラにいる頃からメキシコで地震が頻発していて、四日前にも中部のプエブラで地震が発生した。報道によると三六一人の犠牲者はメキシコ人だけでなく、外国人旅行者も含まれているという。

悲観的になったわけではないが、いつどこで何が起こるか分からない。毎日を丁寧に大切に生きたいと思うようになった。今歩いている道も単調で退屈な景色だが、一生に一度の風景に違いない。そう考えると退屈だと思っていた景色も違って見える気がする。だからか知らないが、ガラにもなく道脇で咲く花にカメラを向けることが増えた。誰かのために存在しているわけでもないのに、可憐に咲く花は美しく、気分転換になる。歩行中に出会う人も一生に一度の出会いであり、食もまた然りだ。

この日はとにかく暑かった。強烈な日差しを浴び続けたためか倦怠感を覚え、何度も休憩をとった。五〇キロを歩くつもりでいたが、この暑さと体調では厳しいようだ。そんなタイミングでオアハカ州の小さな村に辿り着き、商店の脇にテントを張らせてもらった。日曜日の午後ということで、商店の中庭には村の男たちが集まり、ビールを飲んでいた。すでに一リットルの大瓶十五本が開けられ、それが仕事であるかのように急ピッチで胃袋に流し込んでいく。「一緒に飲まないか」と顔を赤らめたおじさんから酒宴に招かれた。酒の肴としてテーブルに並んでいたのは見覚えのある小さな卵だった。

「もしかしてウミガメの卵ですか」

「そうだよ」とおじさんは頷いた。彼らが卵を食べる様子を眺めながら、私はコスタリカで目にしたウミガメの産卵を思い出していた。

私が訪れたコスタリカ・オスティオナルなど世界五ヵ国八ヵ所の海岸ではヒメウミガメ

が大群で上陸し、産卵するアリバダという現象が起こることで知られている。ピークの時期には産卵にやって来た無数のウミガメで海岸が埋め尽くされる。荒波を乗り越え、はるばるやって来たウミガメは砂浜に穴を掘り、力を振り絞って百個以上の卵を産み落とす。産卵を終え、大海原へ戻っていく後ろ姿に、母の強さ、偉大さを見て、胸が熱くなった。

感動的な光景だが、産卵中のカメを横目に地面を掘り返し、卵を採取する村人たちの姿があった。オスティオナルではアリバダ開始から三六時間、卵の採取が認められているのだ。産卵という自然現象に人間が介入することは自然の摂理に反しているように思えるし、力を振り絞って卵を産んだウミガメのことを思うと残酷な行為のようで何とも言えない気分になる。

しかし最初に産み落とされた卵は、その後続々とやって来るカメに掘り返され、かなりの数がダメになってしまうため、卵を採取するのは間引きの意味があるらしい。まさに弱肉強食。生存競争に勝ち残った卵のみ孵化できるのだ。

「食べてみろよ」と声がかけられ、我に返った。手に取った卵はピンポン玉のようで、やわらかい。実際にウミガメの産卵を目にしていたので、その卵を口にすることに躊躇があったが、罪悪感よりも好奇心が勝った。

卵を食べるおじさんに目をやり、見様見真似で卵上部の殻を少し破り、レモンと塩を振りかけて啜る。茹でられているので卵は半熟状でずるっとした食感があった。お世辞にも絶品とは言えないが、珍味なのは間違いない。

周囲の皆は私の反応を窺うかのようにじっとこちらを見つめていた。勧められるがままに三つの卵をいただき、「ブエノ(良いね)」と親指を立てると、皆安堵の表情を浮かべた。

「こいつを食えば精力がつくんだ。明日は元気に歩けるぞ」と酒席に笑い声が上がった。作り笑いを浮かべながら私は心の中で呟いた。

「ウミガメさん、ごめんなさい」

珍味ウミガメの卵を食す

ウミガメの卵は珍味であったが、メキシコは美食国家として有名である。南北アメリカ大陸を自転車で縦断した知人のサイクリスト曰く「最も料理が美味しかったのはメキシコ」なのだとか。そんなこともあり、メキシコで最も楽しみにしていたのはマヤ文明の遺跡やスペイン統治時代のコロニアルな街並みでもなく、メキシコ料理だった。メキシコに入ってから頭の中は常に食べることで占められるようになった。

町を歩けば、肉々しさをともなった煙が漂い、まるで磁石のように私を引き寄せる。メキシコ名物タコスの屋台だ。おじさんが鉄板の上で細かく刻まれた肉をシャカシャカとかき混ぜている。

タコスは肉と野菜をトルティーヤで包んだ料理だ。大口でかぶりつくと、肉の旨味と肉汁が弾けた。トマトの酸味が炸裂し、コリアンダーの爽やかな芳香が鼻に抜ける。そしてライムが味をぎゅっと引き締める。素材がそれぞれの役割を果たし、舌の上で躍動していた。初めて口にするメキシコの味がじわじわと広がっていく。

「これがタコスか……。これがメキシコか……」無我夢中で貪り続けた。

昼時に立ち寄ったノチストランという町のタコス屋では注文を受けてから生地を作り始めた。一塊の丸い生地を押機で平たくしていく。路上のタコス屋台は生地屋で大量生産されたものを使っている。それが当たり前だと思っていただけに、思わず目を見張った。頑固一徹のラーメン屋、あるいはこの道一筋の寿司屋の大将のように並々ならぬ職人魂を感じ、タコスの奥深さを感じた。大量生産された生地は野暮ったい風味だが、この店のものは滑らかな口当たりで、違いは明らかだった。

噛み応えがあるメキシコパンにカツレツやアボカド、トマトを挟んだトルタスはタコスと同じく、メキシコ中どこでも食べられるサンドウィッチだ。厚めのトルティーヤで肉やチーズを巻いたブリトーなど、手軽に食べられるメキシコ料理をよく口にした。

オアハカ地方で伝統的に作られているチーズはモッツァレラチーズのようなあっさりした味わい。日本の裂けるチーズの原型ともいわれ、オアハカの郷土料理にも使われている。

サボテンの国なだけあって、いたるところに自生しているサボテンは、食用野菜として広く食べられており、市場でもよく目にした。無数のサボテンが並ぶサボテン畑まであるくらいだ。オクラのようにねばねばした食感で食べやすい味だ。

しかし、噂通り料理のレベルは高いものの、肉やチーズなど濃厚で大味の料理が連日続くと、「うーん……」とタコスが盛られた皿を前にしても手が伸びず、食傷気味になってしまう。

チーズの産地オアハカから北上し、柱サボテンが林立するいかにもメキシコ、という風景を通過して、テワカンという街に辿り着いた。知人に紹介された中谷さん一家を訪ねたのは、まさに日本料理を恋しく思っていた時だった。メキシコで四七年暮らしている中谷勝正さんは日本食レストランを経営している。レストランに着くや否や、「お腹空いているでしょう」とすぐにテーブルに案内された。

「メキシコ人に合うように日本料理をアレンジしているので、お口に合うかは分かりませんが」

娘のミチヨさんは日本人らしい謙虚な応対をしてくれた。両親共に日本人だが、メキシコで生まれ育った。家庭内では日本語で会話をするので日本語は堪能だ。人口三〇万人のテワカンで暮らす日本人は中谷さん一家以外にレストランのシェフともう一人いるだけだという。日本人コミュニティなどはないため、家庭外で日本語を話す機会は限られる。寿司やうどんなど、ごちそうになった日本料理はどれも美味しく、久々にメキシコ料理から逃れられ、至福の時だった。

中谷さんはひよこの性別を判別する鑑定士として働くため、五〇年以上も前に日本を飛び出し、ヨーロッパを経てメキシコに行き着いた。ヒナの肛門を開け、生殖器官の雌雄の違いを見て、性別を判別するらしい。日本人だけが持つ技術で、世界中から引く手数多だったという。当時の話や聞き慣れないひよこ鑑定士の話を聞くのはとても面白く、興味深い。現在は経営するレストランをミチヨさんに任せ、地元のメキシコ人に日本語を教えている。

日本の政治、近隣諸国との関係について熱く語る姿は愛国心の塊だ。祖国を長く離れ、遠い場所で暮らしているからこそ、私たちとは違った視点を持っているのだろう。

「お父さんの話、長くて大変でしょ」とミチヨさんは笑うが、日本で暮らす日本人以上に日本のことを思い、憂うことが多いようだ。政治談議は二時間以上も続いた。

数日後、中谷さんの自宅に招かれ、奥さんの手料理をいただいた。人生の大半をメキシコで過ごしている中谷さん夫婦だが、家庭では主に日本料理を食べているという。味覚の形成は幼少期に決まるというが、どれだけ長く日本を離れていても、幼少より慣れ親しんだ食生活は変えられないのだろう。

奥さんの手料理は衝撃的だった。小鉢に入った酢の物を口にした瞬間、パッと目を見開き、「むむっ」と唸らされた。なんて優しい味なんだろう。異国で過ごす日々が長くなると、日本にいる時は当たり前で気付かなかった日本料理の繊細さに驚かされる。私が知る限り、こんなにも繊細な味わいを持つ料理は日本料理以外に存在しない。レストランでごちそうになった日本料理も確かに美味しかったが、違いは明らかだった。

その違いを生み出しているのは、口に出すのも気恥ずかしいが、やはり愛なのだ。奥さんの料理は「愛する家族のために」と作り手の心が込められた家庭の味なのである。

「日本を出てからどれだけ経っただろう」と振り返ってみると、ちょうど二年が過ぎていた。お袋の味から二年も離れている私には、とても懐かしい味だった。

「時間はたっぷりあるんだろ？　もっとゆっくりしていけばいい」

そんな中谷さんの言葉に甘え続け、お世話になること計八泊。長男のヤスマサさんとメキシコ最高峰オリサバ山を訪れたりしながら、ゆっくりと過ごした。

そろそろ出発する意思を伝えるも、「もう一週間いたらどうだ？」という誘惑に意思が揺らぎそうになる。しかし先へ進まないといけないのである。

中谷さん一家に見送られ、私はテワカンを去った。別れ際に奥さんから手渡された袋の中を覗いてみると、おにぎりや卵焼きなど、昼食のお弁当を用意してくれていた。道脇に腰かけて、一口一口大切に噛みしめると、じんわりと体の芯が温かくなるのを感じた。目を潤ませながら思った。お袋の味っていいなと。

30. アメリカ入国［メキシコ・アメリカ］

サン・ルイス・ポトシにサカテカス、チワワを経て、メキシコを北上していく。徐々に人口密度が低くなり、殺風景な荒野がひたすら続いた。線路が並走し、貨物列車を頻繁に見るようになった。黄金色に輝く広い荒野を走る列車は絵になり、鉄道オタクでなくとも、ついカメラを向けてしまう。

列車が一本の長い線となり、どこまでも続いている。一体何両あるのだろうと数えてみたら、なんと一〇〇両超の車両が連結されていた。メキシコ北部には世界の主要自動車メーカーの工場があり、アメリカへ向けて輸出用の車が運ばれているのだ。

アメリカと国境を接するシウダーファレスへの距離標識が初めて現れたのはサカテカスという街だった。この時は「一二四三キロ」という途方もない距離だったが、一歩一歩足跡を刻むごとに、確実にアメリカへ近付いていった。

中南米の旅を終えたのはアメリカ国境の街シウダーファレスだった。大きなトラブルに見舞われることなく、素晴らしい思い出を持ってラテンアメリカを去ることができたのは、これまで築き上げてきた経験が生きたのはもちろんだが、多くの人の助けと支えがあったからだろう。そして何より運という要素が大きかった。それは運命と言い換えることができるかもしれない。

コロンビアで野営中、暴徒にテントを襲われた知人は大怪我を負い、帰国を余儀なくされた。グアテマラではサイクリストが強盗被害に遭い、メキシコでお世話になった中谷さんのレストランは私が去った二ヵ月後、ピストル強盗に入られた。ラテンアメリカは決して甘くない場所だ。どんなに気を付けていても、やられる時にはやられてしまうのだ。

シウダーファレスに到着した私はアメリカ入りに備え、一日休むことにした。麻薬戦争による治安悪化で、かつては「戦争地帯を除くと世界で最も危険な都市」とまで言われ、二〇一〇年の殺人件数は三千件超。そんな話を聞けば、マフィアが支配する無法地帯、建物には無数の銃痕が残り、目を血走らせた住民が怯えながら暮らす不穏な光景を想像していた。

しかし、中心部のカテドラル周辺は美しく、洗練された街並みだ。老夫婦が椅子に腰かけて午後のひと時を過ごし、公園では家族連れの姿を見ることができる。穏やかな日常が流れていた。

メキシコとアメリカとの間にはリオグランデ川が流れ、国境線の役割を果たしている。そこには橋が架かり、街の中心から車が長い列を作ってアメリカを目指していた。メキシコ北部では隣接するアメリカ・テキサス州のナンバープレートを付けた車を何度も目にした。アメリカの永住権を持ったメキシコ人が両国間を行き来しているらしい。道路の両側には両替屋がずらりと並び、電光掲示板にレートが表示されている。制服を着た学生たちが歩いて橋を渡っているが、メキシコから国境を越えて通学しているのだろうか。

そんな人波に紛れて橋を歩き始めると、橋の中央にはプレートが埋め込まれ、ここを境に両国が隔てられていた。アルゼンチンから歩き続け、ようやく辿り着いたアメリカ。

「南米大陸の南端ウシュアイアからここまで歩いてきたのだ……」

その事実がにわかには信じられなかった。長い旅路を振り返れば、胸の奥底からじわじわと喜びが込み上げ、熱い感情が体中を駆けめぐった。足を止め、感傷に浸る私を横目に地元民たちは何事もなく素通りしていった。

「グッドモーニング」「グッドモーニング」

「歩いて旅をしているのかい?」「アルゼンチンから歩いてきたんだ」と私は誇らしげに答える。アメリカの国境職員は英語で迎えてくれた。難解なスペイン語に比べ、意思疎通はずっと容易になった。アメリカと目と鼻の先であるシウダーファアレスですら英語がまったく通じなかったというのに……。

「果物は持っていない？」と訊かれ、簡単な荷物検査を受けた。「タマネギはあります」と申告したが、野菜は問題ないらしい。こっそり忍ばせていたテキーラの瓶が見つかったが、ウィンク一つで見逃してくれ、パスポートに入国スタンプが押された。

アメリカに入って変化したのは言葉や通貨だけではない。メキシコでは飲むことができなかった水道水はアメリカに入ると問題なく飲めるようになった。見た目はまったく変わらない透明な水だが、国境を越えただけで、こうも変わってしまうのか……。

さらにはトイレに紙を流せるようになった。日本では当たり前のことだが、中南米では紙を流すとトイレが詰まるので、トイレットペーパーは備え付けのゴミ箱に入れるのだ。

路肩は広々とし、歩道も整備されて歩きやすくなった。段差がなくなり、バリアフリーなのはとても嬉しい。リヤカーを引いている私にとって段差の有無は重要なのである。

車が通り過ぎるのを待っていると、当然のように停車して、「どうぞ」と笑顔で合図し、歩行者優先で渡らせてくれた。そんな紳士的な振る舞いに驚き、感激してしまう。「サンキュー」と手をあげて感謝を伝え、道路を渡った。車優先の中南米ではなかったことだ。

もしかしたら世界で最も貧富の差が大きい国境ではないだろうか。何もかもが劇的に変化し、長年世界を歩いてきた私ですら戸惑ってしまう。

さらに距離標識の単位はキロメートルからマイル。ガソリンスタンドの価格表示はリットルからガロンへ、温度は摂氏から華氏へと変わる。距離に関しては標識の数字を一．六倍すればキロメートルに換算されるので慣れてしまえばなんてことないが、厄介なのは温度である。日本など世界中で使われている摂氏の氷点である〇度は華氏だと三二度となる。沸点の一〇〇度は二一二度だ。華氏の温度表示だけは違和感を覚え続けた。幾度となく国境を越えてきたが、こんなにも大きな変化を感じたことはなかった。

後ろを振り返ると次第に遠ざかっていくメキシコの大地が見え、距離的なもの以上に遠い場所に感じられた。手の届きそうなところにあるのに、国境という目に見えない線を境に大きな隔たりがあった。

メキシコで出会った人たちに「アメリカを目指している」と話すと、「ビザはあるのか？」と何度も尋ねられた。日本人は渡航認証（ESTA）さえ取得すれば容易にアメリカに入ることができるが、メキシコ人にとっては隣国であっても遠い国なのだ。

アメリカに入り、快適に旅できるようになった一方で、一抹の寂しさを覚えた。たくさんの人たちの顔が頭に浮かび、一つ一つのシーンが鮮明に蘇ってきた。ラテンアメリカでは二年を過ごしたが、この地で暮らす陽気な人々が大好きだった。危険と言われる地域ではあるが、数えきれないほどの優しさと慈しみを与えられ、歩き抜くことができた。

「グラシアス（ありがとう）、そしてアディオス（さようなら）、」

思い出を噛みしめながら、ラテンアメリカに感謝と別れを告げた後、再び前を向くと、ついに辿り着いたアメリカの大地が果てしなく広がっていた。これからどんな出会いが待ち構えているのだろう。大きな期待を胸に新たな一歩を踏み出した。

コラム4

旅の相棒たち――リヤカーと道具

世界を徒歩で巡る絶滅危惧種の人間も稀にいる。私が出会った徒歩旅行者は五人で、そのうちの一人は十一年かけて七五〇〇〇キロを歩いたジャン・ベリボーというカナダ人だった。最終的に歩行距離が七七五〇〇キロに達した私とジャン、そんな二人広い地球で出会うのだから旅は面白い。

旅の記事が海外に配信された時は、「君の旅にインスピレーションを受け、僕も歩き始めたよ」というメールを数名からもらった。新たに踏み出す一歩を後押しできたことを嬉しく思うのと同時に、彼らの人生を迷わせていないことを願うばかりだ。

世界を歩く上で最も重要なのは荷物の運搬手段だ。欧米人徒歩旅行者の多くはジョギング用ベビーカーに荷物を載せている。ベビーカーと双璧を成すのがリヤカーだ。氷点下三五度の極寒から五〇度の酷暑、標高五千メートルの峠に砂漠など、様々な環境下を相棒と共に歩いてきた。そんなリヤカーには以下のものが積まれている。

徒歩行をする上で必要な道具はテント、寝袋、調理用ストーブ、食器類、雨具に衣類である。旅の記録を残すならカメラなど記録媒体が、リヤカーを使うならタイヤや工具も必要だ。もちろん靴も重要で私は二一足の靴を履きつぶした。

ちなみに八万キロ近くに及んだ長い旅で始まりから終わりまで持ち続けたものは三つだけである。チタン製の鍋とレザーマンのナイフ。お守り代わりに携帯した植村直己のサイン本だった。

第5章

極寒の歩行は終着点へ

北米編

31. ナバホ族の赤い大地 ［アメリカ］

何の前触れもなく、朝の冷え込みが厳しくなり、氷点下の気温になった。防寒着を取り出し、手袋を装着して歩き始める。日照時間も日に日に短くなっているのでそれに比例して歩行距離も短くなる。少しでも距離を稼ぐため、日没まで歩くこともしばしばだ。野営地を探しながら歩く夕方、家々の窓からは灯りが漏れ、煙突からは煙が上がっている。すれ違う車は帰宅途中で、家に帰れば家族の団欒があるはずだ。ここには帰る場所がないという現実を無性に寂しく思い、孤独を感じる。

クリスマスツリーの電飾を見て、十二月に入ったことを知った。日本の師走は好きだけど、寒空の下で過ごすアメリカのディッセンバーはどうも好きになれない。

アメリカでは都市部を除けば、インターステート・ハイウェイという高速道路を歩くことができる。路肩は広々として快適だが、交通量は多く、たまにサービスエリアが現れる以外は何もない。そんなつまらない道を鬱々とした気分で歩きたくはなく、並行する一般道を歩くことにした。

その名もルート66。イリノイ州シカゴとカリフォルニア州サンタモニカを結んでいた全長三七五五キロの旧国道だ。映画や小説、音楽の中によく登場する、アメリカで最も有名な道だろう。

この日も寒い朝で野原に一面張り付いた霜が朝日を浴びて輝いていた。白い息を吐きながら歩いていると、車が停車し、おばさんが窓から顔を出した。

「グッドモーニング、今朝はやけに寒いわね。よかったらこれを食べて」

おばさんは紙袋に入ったマクドナルドのモーニングセットを手渡してくれた。

「あ、あ、あなたの、ちょ、ちょ、朝食じゃないんですか?」

すべてを凍りつかすかのような冷気が頬の筋肉を硬直させていた。小刻みに歯をガチガチ震わせてしまい、うまく言葉を発することができない。

「ノープロブレム。気にしなくていいのよ」と彼女は優しく微笑み、走り去っていった。

温かいコーヒーを口に含めば、ほどよい甘みが喉を伝い落ち、冷え切った体がじんわりと熱を取り戻していく。

一時間後にも別の車が止まり、まったく同じモーニングセットが渡された。さすがはアメリカだ。トランプ前大統領がこよなく愛し、アメリカを代表する企業ではあるが、立て続けにマクドナルドの差し入れをもらうのは初めてのことだ。

その後も車が止まり、チキンやポテトチップス、コーラを手渡してくれた。実にアメリカらしい差し入れである。対向車のドライバーはすれ違いざまに手や指をあげてあいさつしてくれる。ほんの一瞬ではあるけれど、同じように返せば、彼らとつながっている気がして、ほっと心が安らいだ。

なんとか暗くなる前に野営地を見つけ、かじかむ指先でテントを張った。熱いコーヒーを啜りながら一日を振り返る。寒かったけど、多くの人から優しさをもらった一日だった。気持ちが沈んでいたので、そんな優しさがいつも以上に身に沁みた。

すると唐突に星野道夫さんの『旅をする木』に出てくる言葉が脳裏によみがえってきた。寝袋の中で寒さに震えながら、その言葉を反芻する。

「寒いことが人の気持ちを暖めるんだ。離れていることが人と人とを近づけるんだ」

ナバホ族の自治領へ入ると、赤茶けたテーブル状の岩山（メサ）が見られるようになった。西部劇の舞台のようで、私が思い描くアメリカの景色そのものだ。この地で暮らす先住民ナバホ族は日本人とよく似た外見で親近感がわく。

ある夜、テントから顔を出すと外に袋が置かれていることに気付いた。中を見ると水と果物が入っていた。誰かが何も言わず、置いていってくれたようだった。

「一体誰だろう……」ドラマチックな出来事に強い感動が体中に広がっていく。凍えそうな寒さに体を震わせながらも、心は熱を帯びてポカポカと温かかった。

その後も連日差し入れをもらい、「乗っていくか？」とドライバーに尋ねられることが何度もあった。その都度、彼らの親切に対して、「サンキュー」と英語で感謝の気持ちを伝えていたが、ここはナバホ族の土地である。ナバホ族の人たちは英語を話すが、自分たちの言葉を持っている。彼らの言葉でお礼を伝えるのが礼儀ではないかと考えた。

これまで多くの国を歩いてきたが、さすがにすべての国の言葉を覚えることはできない。共通の言語がなければ意思疎通を図るのは簡単ではないが、同じ人間である。言葉通じずとも、身振り手振りに笑顔でなんとかなるものだ。

しかし、最低限「ありがとう」だけは覚え、何か親切を受けた時はその土地の言葉で感謝の気持ちを伝えることだけは徹底している。

旅の序盤で訪れた中国・新疆ウイグル自治区で暮らすウイグル族も、中国語を話すことができるが、独自の言語を持っていた。親切を受けた時、「謝謝」と中国語でお礼を言うと、ニコリと笑みを返してくれる。しかし、「ラフマット」とウイグル語で感謝の気持ちを伝えると、満面の笑みを見せてくれ、さらに深く彼らの懐に入りこめた気がした。


氷点下のある朝、「ちょっと待って」とパジャマ姿の女性が大声で叫びながら大きく手を振っていた。足を止めると、彼女は道路まで駆けてきて、水を渡してくれた。

「サンキュー」と言った直後、「あっ」と思い立ち、「すいません、ちょっと待って」と背中を向けて家へ戻ろうとした女性を呼び止めた。振り返った女性に「ナバホ族の言葉でありがとうは何と言うのですか」と訊いてみる。彼女は一瞬不可解な顔色を浮かべたが、すぐに「アヘヘ」と返ってきた。

「アヘッヘ？」「違うわ。アヘヘ」

何度か発音を矯正してもらい、「グッド」とお墨付きをいただいた。それ以来、「アヘへ」を多用しているが、やはり英語で感謝の気持ちを伝えるよりも心が通い合う気がする。絶対多数でない民族にとって独自の言語はアイデンティティの一つなのだ。そういうものを尊重したいという思いが強い。

ユタ州とアリゾナ州の州境に位置するこの辺りはメサや浸食が進んだビュートと呼ばれる岩山が点在している。中でも広く知られているのが、ナバホ族の聖地モニュメントバレーだ。荒漠たる赤い大地に鎮座する三つの巨岩が現れた瞬間、感情の熱が静かに高まり、ゆっくりと血が沸き立ち始めた。

「すげえ……」白い息を漏らしながら、ありふれた言葉を呟いたが、風にかき消された。遮るものが何もないので、強風が吹き荒んでいる。ジャケットのフードを被っていたが、風に煽られ、バタバタと耳元で響いた。

砂漠気候のため、雨はほとんど降らず、夏は三〇度を上回る暑い土地だが、その日は〇度を下回っていた。突き刺すような冷気が絶えず吹きつけ、体感温度はさらに低い。クリスマス前の今はオフシーズンでキャンプ場も閉鎖されている。

そんな時期なので、粉砂糖をまぶしたかのように雪化粧したモニュメントバレーを見ることができた。フランスのチョコレートケーキであるフォンダン・ショコラのようだ。こんな場所で雪だなんて現実感のない景色である。

陽光が差し込むと、生命の息吹を吹き込まれたかのように岩が輝き始め、思わず息を呑んだ。ここに立てば、ナバホ族でなくとも巨大な岩に宿る力を感じてしまう。岩が放つ圧倒的な存在感だけでなく、先住民が崇め、大切に守り続けてきた信仰心が集積され、モニュメントバレーを包み込んでいる。

以前どこかで経験したような既視感を覚えたが、「ウルルだ」とすぐに思い至った。モニュメントバレーとウルル、これら二つの聖地には広大な赤い大地に巨大な岩が佇んでいるという共通点がある。

ウルルはオーストラリアの先住民であるアボリジニの聖地で、周囲九・四キロ、高さ三三五メートルを誇る世界で二番目に大きい一枚岩だ。イギリスの探検家によって名付けられたエアーズロックという名称でも広く知られている。精霊が宿っていると先住民が信じるこの赤茶けた巨岩がすべてを優しく包み込むようで、どこか母性を感じた。

私は特定の宗教に対して強い信仰心を持っているわけではないし、スピリチュアル派でもない。パワースポットという言葉に胡散臭さを感じる現実的な人間だが、確かにここには何かが宿っているのだ。例え科学で立証できないことだとしても、それはそれで面白いでないか。

夕暮れ時、野営地を探しながら歩いていたら、「うちに泊まりにおいで」とおじさんに声をかけられた。「家はどこにあるんですか？」と尋ねると、「この道をまっすぐ」という大雑把なものだったが、言われた通り、道を直進し続ける。しかし、ぽつぽつと点在する家は道路から大きく離れているし、すっかり暗くなり、吹雪き始めていた。彼の家を探すのは不可能に思え、来た道を引き返すことを決意した。

「あんな適当な説明で辿り着けるわけないだろ」

おじさんに悪気があったとは思わないが、心の余裕を失くし、ムダに時間を費やしてしまったことに苛立った。だが、こんな状況下でもナバホ族の人たちは優しかった。わずかな間に五回も「何も問題ないか？　大丈夫か？」と声をかけてもらい、ささくれ立った気持ちはすぐに消えて穏やかになった。

翌日はモニュメントバレーを遠くに眺められる場所にテントを張った。テントから顔を出せば、藍色の闇にうっすらと巨大な岩が浮かび上がっている。すると突如、闇空に白く大きな光が現れた。ヘリコプターが投光しているのだろうかと直感的に思ったが、投光器にしては光が大きすぎる。この奥に小さな町があるものの、こんなにも大きな光を発することはできないはずだ。

その後、光は緑色に変わった。滑らかに絹が揺らめくような動きは極北で見られるオーロラを連想させた。オーロラが頻繁に出現するエリアはオーロラベルトと呼ばれ、地球の磁極を中心に北緯六五度付近がオーロラベルトにあたる。非常に大きなオーロラが発生した場合、さらに低緯度の場所でも観測できるというが、モニュメントバレーでオーロラというのは考えられない。

そんな憶測を一つ一つ排除しながら、私は光を直視し続けた。光は強弱をつけながら、右から左へ、モニュメントバレーの方へ向かってゆっくりと動いていく。

未確認飛行物体の襲来だろうか。突拍子もないことだと分かっているが、ここはナバホ族の聖地モニュメントバレーなのだ。科学では立証できない、ここに宿る力を感じているからこそ、その思いは強まった。

「世紀の大発見かもしれない」と鼻息を荒くした私はカメラを手に取った。謎の飛行物体を撮影した暁にはこの写真が全国紙の一面を飾るに違いない。レンズを換える暇もなく、しっかりと撮影設定する余裕もない。満足いくものではなかったが、辛うじて闇の中に浮かぶ緑色の光は撮れた。

モニュメントバレーを象徴する三つの巨岩、ミトン・ビュート、メリック・ビュートの辺りまで光は移動し、消えていった。三十代半ばを過ぎ、まさか宇宙人の存在を信じることになるとは思ってもいなかった。周囲には自分以外おらず、宇宙人に捕らわれやしないかと不安を覚える。その後、何度も外の様子を窺ったが、光が見えることはなかったし、私を捕らえに宇宙人がやって来ることもなかった。


二日後、クリスマスイブの夜はバレー・オブ・ザ・ゴッズというビュートが続々と現れる場所で過ごした。テントの入口を開けたまま眠っており、朝起きると喉に痛みを感じ、ズルズルと鼻水が流れた。メリークリスマス。素敵なクリスマスプレゼントをいただいたようだ。

クリスマスは欧米の人々にとって最も重要な日である。日本では年中無休の店が多いが、この日通過したブラフという町は商店やガソリンスタンド、モーテルなど、何もかもがクリスマス休みで食料を買うことができなかった。まったくなんてクリスマスだ。

大地が赤く染まり始めた夕方、対向車線の車が停車し、ナバホ族の若い男性がこちらへやって来た。満面の笑みを浮かべた男性は、「メリークリスマス」と言い、お菓子が入った赤い長靴を渡してくれた。突然現れたサンタクロースに、「アヘヘ」と感謝の気持ちを伝えることしかできなかったが、一転して最高のクリスマスになった。

ナバホ族の自治領では彼らの優しさに何度も胸を打たれ、「なぜこんなにも優しくなれるのだろう」と自問を繰り返した。彼らが暮らす赤い大地を出たばかりだというのに、すでに恋しくて、またいつか戻ってきたいと強く思った。クリスマスの孤独なテントの中で「アヘヘ」と何度も呟いた。


モニュメントバレーで目にした謎の光についての後日談がある。新年をテントで迎えた翌日、モアブという町で知人に紹介されたグレッグ、シャノーン夫妻と出会い、彼らの家に招かれた。グレッグはオーストラリア出身のクライマーで、シャノーンも自然豊かなカナダで生まれ育った。共にアウトドア好きな夫婦である。私はモニュメントバレーで見た謎の光について興奮気味に話し、彼らの意見を求めた。

「それはいつの話だい?」

「十二月二二日だよ」

グレッグは文明の利器パソコンをカタカタとタイピングし、「見てごらん」とモニターを私に見せてきた。そこには淡い闇の中を飛ぶロケットが映し出されていた。ロケットは閃光を放ちながら上空を横切っている。

カリフォルニア州のバンデンバーグ空軍基地から打ち上げられた民間宇宙企業スペースXのロケット「ファルコン九」らしい。

インターネット上には、多数の写真や動画と共に「UFOだ」「エイリアンだ」という言葉が飛び交い、地元テレビ局には、「謎の飛行物体」の情報が寄せられたという。

科学で立証できない怪現象だと思っていたのに、宇宙開発による科学技術によるものだったとは……。あっさりと謎解きされてしまい、「なーんだ」とつまらない気分にさせられた。しかしその一方、どこかほっとしているもう一人の自分がいたのも確かである。

32. 冬の北米 ［アメリカ・カナダ］

とある日の夕方、一軒の家へ辿り着いた。インターホンを鳴らしてみるが、応答はなく家主は不在だ。リヤカーを家の前に置き、座って待っていると、時折通過する車から訝しげな視線が向けられた。

三〇分経った頃、三台の車が家の前で止まった。それを見た瞬間、「またか……」と驚きと笑いが入り混じった複雑な心境にさせられた。やって来た車は帰宅した家主ではなく、警察だった。「ここは知人の家で、家主の帰りを待っているんです」と事情を説明すると、すぐに去っていったが、近隣住民が不審者だと思って通報したらしい。

アメリカ入国前、長い髪を切って坊主にし、最近着始めた冬服は真新しい。自分では割と普通の見た目、いやむしろ紳士だと思っているのだが、一体どんな目で見られているのだろうかと自信を失いかけている。

リヤカーを引く姿は異様なものに映るらしく、二ヵ月半のアメリカ滞在中、十一回も職務質問を受けた。二年間滞在した中南米での職務質問はコスタリカでの一回だけであることを考えれば、アメリカの警察が、いかに勤勉で真面目に働いているかよく分かるはずだ。家や集落がない無人の山中を黙々と歩いているだけなのに、誰かが通報すれば警察はやって来る。そのたびに足止めを余儀なくされ、「ふざけんなよ。山の中を歩いているだけなのに何が問題なんだ」と毒づきたくなってしまう。

「ごめんなさい。しかし通報があったから」と婦警はパスポートをチェック、無線でどこかに連絡する。彼らがこうも疑り深く、過剰なまでに危機管理に長けているのは、あまりよろしくない治安が関係しているはずだ。

このまま家の前で待ち続けていたら、再び不審人物として通報されかねない。近所の人にお願いして、家主に電話してもらったところ、耳を疑うような言葉が返ってきた。

「用事があってソルトレイクシティを離れているの。これから二日間、家に戻れないけれど、そこに泊まって自由に使ってくれてかまわないわ」

家主のヒラリーとは、数日前に田舎のガソリンスタンドで声をかけられただけの関係なのである。交換留学で日本に滞在した経験があるらしく、私が日本人だと分かると、たどたどしい日本語で自己紹介をしてくれた。

「私はソルトレイクシティの近くに住んでいるから、もしよかったらうちにいらっしゃい」

最後に彼女はそう言って住所と電話番号を教えてくれた。わずか一〇分立ち話をしただけだが、そんな見ず知らずの人間を家主不在の家へ招いてよいものなのだろうか。しかも私は不審者に間違えられるような人間だというのに……。その寛容さに戸惑い、逆にこちらが心配してしまう。「もっと注意深くなるべきだ」と助言したくなるくらいだ。

しかし、これがアメリカ人の懐深さなのだろう。七年半前にアメリカを歩いた時は、滞在三ヵ月のうち二ヵ月を二つの家で居候として過ごした。アメリカといえば「世界の警察」と勝手に名乗り、彼らが信じる正義を盾にさまざまな問題に首を突っ込み、身勝手で傲慢というイメージしかなかったが、アメリカ人のおおらかな心を知り、そんな印象は見事に覆された。

チャレンジに対する理解を持った人が多く、寄付文化が根付いている。スーパーで買い物中、あるいは路上を歩いている時、「頑張って」「これで何か食べなさい」と激励の言葉と共にお金を渡されることも少なくなかった。


屋外に隠された鍵の在処を教えられ、私はヒラリーの家に足を踏み入れた。家主不在の家でゆっくりと休ませてもらう。ヒラリーが戻ってきたのは二日後のことだった。私たちは抱擁を交わした。そして私は当初の予定を大きく超えて五日間も彼女の家で休養させてもらった。北米はこれから冬本番を迎える。極寒のテント泊を心配したヒラリーはインターネットを通じて協力を呼びかけ、宿泊先を探してくれた。

そのおかげでソルトレイクシティを出てからの二日間は滞在先が決まり、暖かな室内で眠ることができた。さらに彼女は私と密に連絡を取りながら、その後訪れる場所での宿泊先も探そうとしていた。

彼女の優しさは本当にありがたいが、予定ありきの旅など面白くないという気持ちも少なからずあった。熱いシャワーを浴び、美味しいものを食べ、暖かな部屋で寝るという生活を毎日続ければ、どうしても気持ちが萎えてしまう。

冬の北米を歩く上で必要なものは、ぬくぬくとした快適な環境ではなく反骨心である。常に牙を研いでいるくらいの気持ちでいないと、過酷な冬を歩き抜くことなどできるはずないのだ。

テント設営時、一面真っ白な雪原で雪が少ない場所を見つけたら、それだけで嬉しく思うし、悪天候の日に雨風をしのげる場所にテントを張れた時は幸せを感じる。たまに地元民の家に招かれた時、ものすごく至福な気分に浸れるのは、私にとってそれが当たり前でないからだ。

「ないこと」が前提である徒歩の旅を始めてから、明らかに幸せのハードルが下がった。今は焼きたてのトーストの上でバターが溶けるのを見るだけで言いようのない幸せを感じるが、旅を終えて日本へ帰った後も、この価値観を持ち続けることができるだろうか。たくさんの優しさに感謝しつつ、小さな幸せを感じられるこの感性をいつまでも持ち続けたいと思った。

　これから向かう厳冬のカナダ、北極圏に備え、アイダホ州・アイダホフォールズで日本から送られたタイヤを受け取った。これまでは空気を入れて使うエアータイヤを使用していたが、この先はノーパンクタイヤに切り替える。ノーパンクタイヤは空気の代わりにウレタンが詰められており、例え釘が貫通してもパンクせず、タイヤがつぶれることもない。

　極寒の中でタイヤがパンクした時、手袋を外して長時間作業すれば凍傷を負うはずだし、厚い手袋を装着したまま作業するのは難しい。タイヤをどうするか、寒冷地を歩く上で大きな悩みだったが、長きにわたり、タイヤのサポートをしてくれているＩＲＣタイヤの荒木さんに相談したところ、まだ市販されていない開発中のタイヤを提供してもらえることになった。

　食事はもちろん、雪を溶かして水を作るので調理用のストーブも重要だ。氷点下二〇度を下回ると部品として使われているゴムが劣化するという。そのためストーブは予備も含めて新富士バーナーから提供された製品を二台持つ。

さらに頭を悩ませたのが厳冬下で耐えることができる装備である。まともな防寒着は持っていないし、暴風や積雪から守ってくれるテントや保温性に優れた寝袋が必要だった。これらの装備を買い揃えるだけの資金は残されていなかったが、アウトドアメーカーのモンベルから全面的な支援をいただけることになり、万全の準備を期すことができた。

この冬のアメリカは「記録的な大寒波」と日本でも報道されていたが、アイダホフォールズを過ぎてから雪の日が増え始めた。どれだけ雪が降ろうが、どんなに寒かろうが、私はテント泊を続ける。地面に熱を奪われるので断熱マットをもう一枚購入して二枚重ねにする。さらに野営地を除雪する際に必要なシャベルを用意した。

モンタナ州に入り、「アメリカの冬もたいしたことはない」と思った矢先のことだ。州都ヘレナを過ぎると、突然寒さが増した。出発時は〇度を上回っていたが、三時間後、山へ入った途端、気温は氷点下一五度まで下がった。正面から強風が吹きつけ、体感温度は氷点下三〇度である。吹雪が白い渦を巻き、周囲はモノクロームな世界に包まれていた。髭がカチカチに凍りつき、鼻水が垂れて氷柱になっている。ようやくアメリカの本気を見せられた気がする。

寒冷地では電池の能力が著しく低下するので、写真を数枚撮っただけで電池切れになり、手袋を外せばすぐに指先が痛くなる。八年前、ブルガリアを歩行中、指に凍傷を負った。人生初の救急車と入院を経験し、医師からは切断の可能性を示唆された。幸い切断は免れたが、凍傷を負った右手の三本の指は血行が悪くなり、他の指以上に熱を失っている。凍傷を再発しやすく、厳冬の北米を歩く上で最大の不安要素である。今回も軽度の凍傷を負った指は感覚を失い、その後爪が剝がれた。

雪が多い場所なので除雪車が頻繁に行き来しているが、一日中雪が降り続ければ、除雪が間に合わない。私が歩いている路肩は優先順位が最も低い場所なので、腕と足に力を入れながら、雪上を踏みしめた。そんな中を歩く姿は異様に映るらしい。「変な男が歩いている」と警察への通報もあり、吹雪の中の職務質問を受けることもしばしばであった。

このような環境を歩き続けると、連日何度も車が止まり、「乗っていくか」と声をかけられる。ダットンという町を目指し、日没後も歩き続けていた時も町の手前でおじさんに声をかけられた。

「今夜はどこに泊まるんだ？」

「ダットンのどこかでテントを張るつもりです」

「今夜は相当冷え込むぞ。泊めてやるからうちに来いよ。暖かい部屋に寝心地のいいベッド、熱いシャワーと美味しい食事もある」

そんな言葉を想像すると、やわらかな熱が凍りついた脳をとろけさせ、脳裏のスクリーンに楽園が映し出された。激しく心が揺さぶられたが、町まで少し離れていた。おじさんの家でお世話になるなら、リヤカーをトラックの荷台に載せないといけない。大いに悩んだ末に貴重な誘いを断ることにした。

「ちょっとくらい、いいじゃないか」とおじさんは笑ったが、この「ちょっとくらい」のために一生後悔するわけにはいかなかった。

二日後、アメリカ大陸南端のアルゼンチン・ウシュアイアから二万一〇〇〇キロを歩き、ついにカナダに到達した。記念すべき日であるが、私のカナダ入りを祝福するかのように吹雪き、大荒れの天候だった。なんとか国境に辿り着き、イミグレーションの建物に入った瞬間、身を溶かすような暖気が体を包み込んだ。硬直した頬が少しずつ緩んでいく。

氷点下二〇度の中、現れた珍客にイミグレーションの職員も目を丸くさせていた。

「この辺りはいつもこれくらい冷え込むの？」

「ああいつも通りさ」

入国手続きを終えた後も依然外は荒れていた。正面から強風が吹きつけ、大気中を舞う雪が視界を遮った。サラサラとした粉雪が砂嵐のように襲いかかり、目を開けることができない。上体を下に向け、足元を見ながら一歩一歩ゆっくり進んでいく。白い砂漠を進軍しているかのようだ。国境から二〇キロ離れたミルクリバーという町を目指していたが、この悪天候の中を四時間も歩くなんて、途方もないことに思えた。

すると目の前を覆う真っ白なスクリーンに青と赤の光が浮かび上がった。点滅する赤色灯はすっかり見慣れた警察車両に違いない。アメリカでは何度も通報され、職務質問を受けていたので、「さっそくカナダもかよ……」とうんざりさせられる。しかし、私を待ち構えていたわけではなく、事故処理のためやって来ていた警察だった。

「今日は悪天候で視界が悪過ぎるので歩くのは危険だ。車でミルクリバーまで運ぶ」と痩身の若い警官は言った。

「車道ではなく路肩の端を歩いているし、大丈夫じゃない？」

「路肩を走っていた除雪車にトラックが追突したんだよ」

警官が指差した先には後部がつぶれた除雪車があった。「ベリー・バッド・ウェザー（最悪な天候だ）」と「ベリー」を強調し、いかに今日が悪天候であるかを私に伝えた。カナダでは警察にどれだけの権限が与えられているか定かではないが、反論の余地を与えない毅然とした態度だった。私は何も言い返せず、警察の指示に従うしかなかった。車で移動した区間は後日改めて歩き直そう。

パトカーでミルクリバーまで送られた後、鏡に映し出された顔を見た瞬間、「うわっ」と驚愕の声を上げた。試合後のボクサーのように頬が赤黒く腫れ上がっていた。正面から殴りつける吹雪を受け続けた結果、顔面凍傷を負ってしまったらしい。

カナダ初日にしてこれである。まだ二月に入ったばかりだった。これから先、厳冬のカナダを歩いていけるのだろうか……。北極海へ辿り着けるのだろうか……。絶望の淵に立たされたかのように気持ちが重くなっていく。

カナダの冬将軍はゴングが鳴った瞬間、猛然と襲いかかり、「まずはご挨拶を」と言わんばかりの強烈なストレートを叩き込んだのだった。

33. 再会とオーロラ ［カナダ］

カナダは人口の八〇パーセントがアメリカ国境から二〇〇キロ以内のところに集中している。大都市カルガリーからバンフ、ジャスパーを経て北上するにつれ、人口密度は低くなり、町と町との間隔も長くなっていく。食料の補給場所も限られるので、時には一ヵ月分の食料を持ち運ぶこともあった。

最も寒い時は氷点下三五度まで冷え込んだ。液体はすべて凍結するため、ストーブで雪を溶かして水を作る毎日だ。起床後、ヘッドライトを点灯させると、テント内にびっしりと張り付いた霜がキラキラと瞬きするかのように光を反射させる。テントを組み立てる時に使うポールのゴム紐も寒さのあまり伸びているし、ポールの連結部は凍結している。口内で溶かそうと口に咥えた瞬間、唇にひっついてひどい目に遭ったこともあるが、唾を垂らして溶かし、なんとかポールを収納する。

極寒の地では羽毛寝袋が使えないことを身をもって知った。就寝中、体から出た汗が羽毛を濡らし、寝袋の保温力が大きく低下するのだ。日中に乾かすこともできないので、寝袋は保温力を失ったまま、新たな夜を迎えることになる。冬の北米に足を踏み入れる前、厳冬の北極圏を歩いた経験を持つ知人に装備に関する助言をもらった。「厳冬下ではダウン製品は使えない」と聞いていたが、「どうにかなるんじゃないか」と無知な私は彼の助言に背いていたのだ。

エマージェンシーブランケットのような極薄の袋に入ることで体と寝袋を遮断し、水分をブランケット内に閉じ込めることができる。これにより問題は解決するが、極地を冒険する人たちは化学繊維の寝袋を使うという。二〇一一年の北米大陸横断以来の再会を果たしたカルガリー在住の土田さんのご好意で氷点下三四度対応の化繊寝袋をプレゼントしていただいた。冬の寒さが厳しいカナダではこんな代物が普通にアウトドアショップで売られている。

羽毛寝袋と違い、とても大きく嵩張るものの、その後は快眠を得ることができた。テント泊は厳しいが、氷点下三五度を経験してしまえば体は慣れ、氷点下二〇度であっても普通に感じるようになる。

観光客のいない冬のロッキー山脈は厳かな静寂に包まれ、崇高な美しさがあった。厳冬期を歩くのは初めてのことで、何もかもが新鮮だった。一つ一つ小さな経験を積み重ね、知識を吸収していくことが面白く、過酷であればあるほど、それを乗り越えた時は、ずっしりとした手ごたえを得られた。極寒と長い無補給区間、決して楽な環境ではないが、私の心は常に満たされていた。

やがて三月に入ると、少しずつ日照時間が長くなっていき、気温も上昇し始めた。雪は雨に変わり、水が凍結することもなくなった。長く厳しい冬の終わりが近付き、春の足音が聞こえ始めた。待ち焦がれた春の訪れに、この地で暮らす人たちは皆嬉しそうだった。

彼のことを知ったのはオンタリオ州のスミサーズという町でのことだ。私はマイクという写真家の家に招かれ、休養をとっていた。彼ら夫婦が仕事へ、子供は学校へ行くのに、私だけが家に一人残され、ダラダラと過ごしているのは社会不適合者みたいで情けないものである。そんなことを思っていたある日、仕事を終えたマイクが新聞を持って帰宅し、「この記事を読んでみろ」と言った。

渡された地元紙には、「アルゼンチンからアラスカまで歩く」という見出しがあった。「取材など受けた覚えはないぞ」と一瞬戸惑ったが、私に関する記事ではなく、オレンジ色の安全ベストを着て歩く男性の写真が掲載されていた。彼の名はホリー・ハリソン、通称カーゴ。私と同じくアルゼンチン南端のウシュアイアから歩き始めたらしい。

「俺以外にこんなことをやる人間がいるとは……」

カーゴと名乗る五八才のアメリカ人の存在をこの時まで私は知らず、衝撃的なニュースだった。

私が知る限り、徒歩による南北アメリカ大陸縦断の前例は八例ある。しかし南米大陸南端のウシュアイアから北極海まで、端から端まで歩いたのはジョージ・ミーガンというイギリス人ただ一人だった。

「他にも徒歩での南北アメリカ大陸縦断に挑戦した人はいるが、皆断念するのだ」というジョージ・ミーガンの言葉が面白い。

「彼らはたいてい旅の途中で恋に落ち、歩くのをやめてしまうんだよ」（アウトサイドオンライン）

それにしてもスミサーズ周辺に同じタイミングで北極海を目指している人間が二人もいるなんて奇跡ではないか。パタゴニアの空気やアタカマの砂、アンデスで流した汗、中米の猛暑に北米の寒さを肌に染み込ませながら一歩一歩、歩いてきた男がすぐ近くにいるのだ。まさしく戦友であり、同志のような存在だ。できることなら会ってみたい。

彼を追いかけようと思ったが、新聞を読む限り、一週間前にカーゴはスミサーズを通過しているようだった。そしてこの一週間の差がとても大きいのである。彼が目指すのはアラスカのプルドーベイだが、私が最終目的地として定めている場所はカナダ北端に位置するトゥクトヤクトゥクという村だった。

ユーコン準州の州都ホワイトホースまでは同じ道を歩くが、その先で我々が目指す道は二手に分かれてしまう。カーゴを捕らえるのであれば、スミサーズからホワイトホースまでの一二五〇キロしかチャンスがないということだ。

カーゴの目的はウシュアイアからプルドーベイまで徒歩による最速記録を狙うことにあるらしい。ジョージ・ミーガンが六年半かけた道のりを二十ヵ月で目指すというカーゴは次のように語る。

「『もっとゆっくり歩いて道中の景色を楽しむべきだ』と人々はいつも言う。しかし、私はレースをしているんだ」（アウトサイドオンライン）

三〇〇キロ先にいる「最速を目指す男」を捕らえるだけでも大変なのに、ホワイトホースに着くまでの一二五〇キロという条件が加わるのだから、その挑戦はとても厳しいものに思えた。彼を追いかけるには、彼以上のスピードで歩く以外に方法はないのである。

こうして、五八歳のおじさんの背中を必死に追いかける日々が始まった。

二〇一八年三月二三日、私はスミサーズを出発した。ホワイトホースには遅くとも四月二十日までの到着を目指す。それまでに到着できず且つ電話がなければ、ホワイトホースで暮らす友人が警察に通報することになっている。

キャッシャーハイウェイに入った後、ホワイトホースまでの一一〇〇キロの間には村が三つと数軒のガソリンスタンドがあるだけだ。大部分が無人地帯でグリズリー（ハイイログマ）が生息する森が広がっている。グリズリーは体長二メートル、最大級の個体は体重が四五〇キロ以上に達するという。時速五〇キロで走り、川を素早く泳ぎ、木にも登る三拍子揃った狂暴なクマである。このキャッシャーハイウェイはカナダで最もグリズリーが出没する地域だという。

そういうわけで約束の日までに到着、連絡できなければ、グリズリーに食べられたとみなされる予定である。冗談のようだけど本気の話だ。もうそろそろお腹を空かせたグリズリーが冬眠から目覚めるのだ。

「クマの嗅覚は敏感なので、野営時は食料をテントに入れず、木に吊るせ」と地元民は言うが、この辺りは針葉樹林帯が続き、太く丈夫な枝を持った木がない。そのためリヤカーの荷台に食料を載せたまま、テントから離れた風下に置くしかなかった。

キャッシャーハイウェイを歩き始めると、アップダウンが次から次へと現れた。リヤカーに積み込んだ三週間分の食料が負担となり、腰に痛みを感じ始める。さらには疲労が溜まり、悪寒がするほどの体調不良に陥った。思うようにペースは上がらない。

景色は素晴らしく、真っ白な雪を抱いた山が続々と現れ、青空に映える。曇天になると、色を失った景色は重苦しいものに変わり、何人たりとも寄せ付けない厳かな雰囲気を放ち始めた。絶景が現れるたびに足を止めて写真を撮るものだから、ペースは落ちる一方だ。この素晴らしいハイウェイを急ぎ足で駆け抜けるのはもったいない。もっと自分の旅を楽しむべきではないかと思い始めた。残念ではあるが、カーゴを追いかけるのは諦めることにした。

ある朝、テントの入口を開けると、降り積もった雪がどさっと落ちてきた。一面真っ白に塗り替えられ、はっとするような美しい世界が広がっていた。

人も車もいない濃厚な静寂に包まれた森の中を歩けば、聞こえるのは自分の息遣いと雪上を踏みしめる足音だけだ。時折枝に降り積もった雪が静かに落ちていく。まるで教会の中にいるかのように重厚で荘厳な空気が張り詰めている。五感では知覚できないが、この森に宿る何かを感じた。日本で言うならば精霊だろうか。

しんしんと雪が降る銀世界を歩くと、心が洗われるかのようだった。心のやわらかい場所がじわっと温かくなり、一筋の涙が頬を伝った。名残惜しいけど、これが今冬最後の雪になるだろう。厳しい冬を乗り越えた私へのご褒美かもしれないなと思った。

たまにクマの親子のイラストが描かれた「クマに注意」の標識が現れる。「寒いのでクマはまだ出てこないよ」と地元民は言ったが、別の人からは、「一週間前にグリズリーの目撃情報があった」と聞いた。幸いクマと会うことはなかったが、ムースにカリブー、コヨーテなど極北の大地で暮らす動物とは何度も出会った。

スミサーズから十日目、周囲を真っ白な山々に囲まれたイスカットという村が現れた。村人の大部分（もしかしたらすべての住民）は先住民だ。幹線道路沿いにはガソリンスタンドと小さな商店があるが、この日はキリストの復活を祝うイースター（復活祭）なので、扉が閉ざされていた。赤茶色をした平屋の学校とコミュニティセンター、民家がいくつかあるだけの小さな村である。

「好きなところにテントを張ったらいいよ」と村人に言われたので、コミュニティセンターの傍にテントを張った。テントで過ごしていると数人の村人が差し入れを持ってきてくれた。イースターのオードブルとサーモンの瓶詰である。

南にあるハイウェイ一六号線まで四〇〇キロ、北のアラスカハイウェイへは三二〇キロ、どちらへ行くにも遠く、周囲には何もない。なぜ彼らはこんな不便な場所で暮らすのだろう。大部分のカナダ人でさえ、ここを訪れたことがないだろうし、存在すら知らないかもしれない。外国人にいたっては人力で旅する人しかやって来ないだろう。そんな辺鄙な場所を訪れることができるのは幸せだと思うし、私にとって旅の意義でもある。ある友人が言った。

「イスカットがどんなところだろうと思って検索したけど、グーグルストリートビューを見ても幹線道路しか出てこない。なんでもインターネットで検索できてしまうご時世に『行った人にしかわからない』ってものすごく価値がある気がする」

キャッシャーハイウェイ上にキャンプ場はない。日没前にテントを張れそうな場所を見つけたら、そこで歩行を終える。この日は道脇にトラックが数台駐車できる広いスペースがあり、一台の大型トラックが停まっていた。片隅にテントを張り、水を作るための雪を採取していると、トラックのドライバーが声をかけてきて、果物とジュースをくれた。さらには「一緒に夕食を食おうぜ」と言ってくれているようだった。

「ようだった」と表現するのは、私たちの会話が身振り手振りを交えてのものだからだ。彼らの英語力から察するに英語圏で生まれ育っていないのは明らかだった。容姿や雰囲気もどこか異なる気がする。

目鼻立ちがしっかりした端整な顔立ちの男はアルトゥールと名乗り、やはりウクライナ人だった。アメリカ本土からアラスカまでトラックを走らせているらしい。

しばらくしてコトレータというウクライナ風ハンバーグが盛られた皿を渡してくれた。ウクライナやロシアを歩いていた時、何度か食べたことがある家庭料理だ。

「ジャークユ」と言い、お皿を受け取ると、彼らは目を丸くさせて驚きの表情を見せた後、相好を崩した。「ジャークユ」はウクライナ語で「ありがとう」を意味する言葉なのだ。

私は嬉しくなって、八年前にウクライナを歩いた時の旅路を説明した。すると「こいつは首都キエフ出身で、俺はモルドバ人だ」ともう一人のニコライが口を挟んだ。彼は彫が深いラテン系の顔立ちをしている。モルドバはウクライナの隣国だ。「ムルツメスク」とモルドバ語の「ありがとう」を伝えると、ニコライはさらに驚いていた。

両国でのさまざまなシーンが鮮明によみがえってきた。東欧諸国は旅の序盤に訪れた場所で、最も印象深い地域の一つだ。旅の終わりが近付いている今、かつてお世話になった国の人と出会い、旅路を振り返っていることに因縁めいたものを感じた。

三日後、七〇〇キロに及んだキャッシャーハイウェイを抜け、アラスカハイウェイに辿り着いた。道路は広くなり、交通量は少し増えたが、景色に大きな変化はなく、針葉樹林帯がどこまでも広がっている。

坂を上ると高い位置から周囲を一望できたが、漠々たる針葉樹の海を切り裂くように一本の道路が伸びているだけだ。遠くに見える車は豆粒のように小さく、極北の大自然に圧倒される。ここは野生動物の生活圏なのだと改めて思う。そんな場所を「歩かせてもらっている」と謙虚な気持ちにならないといけないなと自分に言い聞かせる。

どこまでも続くこの深緑の海の果てには人間の存在とは無関係に生き、人の目に触れられることなく朽ち果てていく自然があるのだろう。キャッシャーハイウェイには大規模な山火事の跡があり、死の森と化していた。雷が森を燃やし、雨が火を消し止めるということが数千年、数万年も繰り返されてきた。新たな種子が芽生え、森は時間をかけて再生していく。そんな気が遠くなるようなサイクルに思いを馳せていた。


薄闇に包まれるまで野営地を探しながら歩くが、なかなか良い場所が見つからなかった。どうすることもできないので道路から数メートル離れた道脇にテントを張った。たまにトラックが通過すると、轟音が静寂を切り裂き、大きな振動を感じるが、我慢するしかない。堂々とテントを張ることになったが、この辺りは延々と森が続き、交通量も多くはないので不安はまったくなかった。ここで恐れるべきは人間よりむしろクマなのだ。

しかし横になって眠りに落ちた時だった。突如強い光が顔に向けられ、目を覚ました。誰かがライトを灯し、テントの中を照らしている。

「強盗だろうか……」と思ったが、突然の出来事に頭の働きは鈍い。ライトを手にした男は何か言っているが、頭に入ってこない。恐怖心はさほど感じなかった。「一日中歩いて疲れているんだ。寝ているんだからほっといてくれよ」と適当にあしらおうとしたが、「外へ出てこいよ。飯を食わせてやる」と男は言った。

「もう飯は食ったよ」と思いながらテントの外を見ると、外にはトラックが停まっていて、ライトを手にした男の顔に見覚えがあることに気付いた。四日前に出会ったアルトゥールではないか。

「なんでこんなところに？」と困惑しつつ、握手をして再会を喜んだ。道脇に堂々と設営されたテント、傍らに置かれたリヤカーに気付いて、トラックを止めたらしい。アメリカ本土とアラスカを行き来するトラック乗りなので、もしかしたらもう一度会えるかもしれないと思っていたが、まさかこんな形で再会するとは思ってもいなかった。続いてトラックを道端に寄せたニコライがやって来た。彼も再会に興奮しているようで、固い握手を交わす。

彼らの誘いに応じ、トラックへ向かった。エアコンの送風口からは絶えず暖気が送られ、トラックの中は別世界のように暖かかった。すぐに大きな肉片が入ったスープを出してくれた。カセットコンロを後部座席に置き、調理しているようだ。片道三〇〇〇キロ以上走るだけあり、ベッドも備えられ、なかなか快適そうな居住空間である。

一時間ほど、他愛もない話をして一緒に過ごした後、「ジャークユ、ムルツメスク」と握手をして彼らと別れた。静寂に包まれた夜の森に大きなクラクションの音を響かせながら、トラックは走り出した。闇の中に浮かぶテールランプは小さくなり、やがて見えなくなった。

一人残された私は無性に泣きたい気分になっていた。足かけ十年の長い旅路の中で出会った人たちの顔が次々に浮かぶ。多くの人に助けられ、やさしさを与えられてきた。そんな事実が胸に迫り、目に涙が滲んだ。

行きずりの旅人など無視することもできたはずだ。それなのになぜこんなにも優しく手を差し伸べてくれるのだろう。この二本の足でここまで歩いてきた。しかし決して自分の力だけでなく、一つ一つの出会いが背中を後押ししてくれたのは間違いない。そしてこの長い旅はもうすぐ終わりを迎える。

空を見上げると、闇夜に緑色の光が揺らめいているのが見えた。素晴らしい再会に初めて目にするオーロラ、忘れられない夜になりそうだと思った。

34. やがて一つに重なる旅路［カナダ］

雪上に残された誰かの足跡を見つけた時、砂漠でオアシスを見つけた遭難者のように興奮と歓喜が同時に押し寄せて体が熱くなった。いや、雪男捜索隊が謎の足跡を発見した時のような心境だろうか。

見渡す限り、人家などなく、人の気配はなかった。こんな場所を歩くのは、歩行で北極海を目指す男、つまりカーゴ以外に考えられない。足跡は私と同じ進行方向へ続いていた。まるで鑑識官のように足跡の形状を念入りに確認する。崩れることなく、きれいな形で残されており、前日の夕方から今朝にかけて、ここを通過したのだろうと推測した。

見えない背中を追いかけるのは精神的に楽なものではないし、一度は諦めていたのだが、こうして目に見える形で彼の存在を知覚し、俄然やる気が出てきた。

二時間後、前方に小さな人影が見えた。間違いない。スミサーズから歩くこと十八日、一〇〇〇キロ、ようやくカーゴに追いついたのだった。彼は両手を大きく広げて私を迎え、お互い大興奮で握手をし、抱き合った。

南米大陸の南端、アルゼンチン・ウシュアイアから始まった二つの旅が二万キロ以上も離れたカナダ、ユーコンの地で重なったのだから感情が昂るのも至極当然なのだ。

「長い間行方不明だった兄弟と会うようなものだった」

私との出会いをカーゴはそう表現した。念願叶って会うことができたカーゴは小泉純一郎元首相のようなグレーのライオンヘアの持ち主だった。

キャッシャーハイウェイを歩いていた時、声をかけてきたドライバーから後方を歩く私の存在が知らされていたらしい。その後、アラスカハイウェイに辿り着き、久々にインターネットに接続した時、私がスミサーズで送ったメールに目を通していた。

実はそれ以前にカーゴは私の存在を耳にしていたという。私がアルゼンチン・ウシュアイアを発ったのは二〇一五年十月だが、同年十二月、彼もウシュアイアから歩き始めていた。この時の挑戦はチリの首都サンティアゴで足を痛めて失敗に終わったが、ウシュアイアの北一〇〇キロのところに位置するトルウィンのパン屋「ラ・ウニオン」で私のことを聞いたらしい。

一つに重なった旅路は二〇〇キロ先のホワイトホースの先で再び二つに分かれる。私はカナダ北端トゥクトヤクトゥクを目指し、カーゴはアラスカへ向かう。それまで一緒に歩くことになった。

彼の旅の目的は、いかに早く南北アメリカ大陸縦断を果たすかにある。アメリカに帰国し、足を完治させたカーゴは二〇一六年十二月、再びウシュアイアから歩き始めた。私より一年以上も遅く出発しているのに、今同じ場所を歩いているのだから、そのスピードは驚愕だ。

リヤカーのような荷物の運搬手段は持たない。小さなバックパックと野球のバットを太くしたような筒状のトレッキングポールを二つ持っているだけだ。自作のポールは開閉可能で、その中に荷物を収納できるようになっている。だが、それだけでは携帯できる水や食料は限られてしまう。長い無補給区間が続くチリのアタカマ砂漠では、「水をください」と書いた紙を背中に貼り、ドライバーから水を得て、砂漠を歩き抜いた。路上に捨てられたペットボトルに水が残っていれば、それを拾うこともあったという。

アメリカ・アリゾナ州では心臓発作を起こし、ヘリで緊急搬送されて入院した。医師は「これ以上歩くのは危険だ」と忠告したが、彼の心に「やめる」という選択肢はなかった。数日間入院した後、再び路上に戻り、歩き始めた。しかし、家族にとってカーゴの健康状態は大きな不安である。その後、義弟のイアンが中古のキャンピングカーを買って同行し、彼の旅を支えている。オーストラリア出身のダンディな義弟も旅を満喫しているようだった。

カナダに入った後、カーゴは古傷の足を痛めた。今は痛みに耐え、松葉杖をつきながら歩いている。ところどころで休みを取り、歩行ペースが落ちたため、彼に追いつくことができたのだ。

一緒に歩くことになった私たちの一日はキャンピングカーで飲むコーヒーから始まる。カップから香ばしい香りが漂い、白い湯気の向こうで、「まずは二・五マイル（四キロ）歩いたら朝食をとるぞ」とカーゴが今日のプランを説明した。足を痛めているので、二・五マイルごとに小休憩を入れているらしい。

キャンピングカーを出ると、ひんやりとした朝の空気が肌に触れ、ぶるっと身を震わせた。イアンが運転するキャンピングカーが、すぐに私たちを追い抜いていく。二・五マイル先で彼は車を止め、朝食を作って待っている。「イアンが作るパンケーキは最高に美味いんだ」とカーゴは笑った。

カーゴと横並びになり、話しながら歩くこともあるが、特に気を遣う必要もなく、いつも通り気楽な歩行だ。松葉杖を使って歩く姿が痛々しく見えるからか、車が頻繁に止まり、「大丈夫か？　車に乗っていくか？」と声をかけられる。しかし実際のところ、カーゴが歩くスピードは普通に歩くのと大きく変わらないペースである。

時折、石を人型のように積み上げた小さなイヌクシュクが現れる。かつては道しるべの役割を果たしていたという説があるが、私たちを見守るかのように極北の原野に佇むイヌクシュクには不思議な魅力を感じる。

約五〇キロを歩いて一日が終わる。キャンピングカーの隣にテントを張った後はイアンが作った料理をごちそうになりながら話に興じる。三二〇〇ドルで買ったという中古のキャンピングカーは三〇年以上も前の古いものだ。一リットルあたり三キロと燃費は非常に悪いが、快適に過ごすことができる。

「マサが目指しているトゥクト……なんだっけ？」

「トゥクトヤクトゥクだよ」と私はゆっくりカーゴに伝えた。

「なぜアラスカのプルドーベイではなく、そのトゥクトヤクトゥクがゴールなんだ？」

正直なところ、私自身トゥクトヤクトゥクという舌を嚙みそうな村の名前を憶え、スラスラと言えるようになったのは最近のことだった。トゥクトヤクトゥクを目指す理由はただ一つ。自分の足で北極海まで辿り着きたかったからだ。プルドーベイには北極油田地帯の基地がある。北極海へのツアーが催行されているが、北極海まで個人で歩いて行くことができないのだ。

「それにトゥクトヤクトゥクは日本語で『プロミス・トゥ・アライブ』を意味するんだよ」と私は続ける。

トゥクトヤクトゥクを長い旅の最終地点に定めたものの、決して強い思い入れがある村ではなかった。しかし、「『着くと約束』なんて素敵な響きの村だね」と友人が言って以来、この村への愛着が沸いてきたのだ。

「トゥクトヤクトゥク――着くと約束――」

なんて素晴らしい響きなのだろうか。この極北の小さな村にはどんな景色があり、どんな人たちが暮らしているのだろう。そしてここに辿り着いた時、長い旅を終える時、私はどんな感情でいるのだろう。

キャッシャーハイウェイを歩いていた時、キャンピングカーで待っていたイアンが寒さのあまり、足に霜焼けを負った話をカーゴが楽しそうに話せば、イアンも負けじとカーゴのバカなエピソードを暴露する。ユーコンの静かな森に私たちの笑い声が響き渡った。

年齢に関係なく挑戦するという姿勢、揺らがない信念、精神的な強さ、私が彼の背中から学んだことは計り知れない。最後の最後に、まるでもう一人の自分のようなカーゴと出会え、共に歩いた四日間は本当に貴重なものになった。わずか四日間ではあったが、彼のチームに加われたことを誇りに思う。

旅の無事を祈り、日本を出て以来、ずっと持ち続けてきたお守りの一つをカーゴにプレゼントした。「きっとカーゴのことを守ってくれるよ」と言うと、「こいつはグリズリー除けにも効くのか？」とカーゴは笑った。私たちが今最も恐れているのは、間もなく冬眠から目覚めるであろうグリズリーなのである。

ホワイトホースに到着後、縁あって新聞の取材を受けることになった。「これまでの旅路の中で最高だったことは？」という記者の問いに、「カーゴと出会えたこと」と答えた。きれいごとでも感情が昂ったからでもない。カーゴとの出会いは神様からのプレゼントだと心から思っている。

35. 北極圏突入 ［カナダ］

地図を広げると、ホワイトホースから最終目的地である北極海に面したトゥクトヤクトゥクまでの約一三〇〇キロの間にはイヌヴィックという人口三〇〇〇人の町が一つあるだけだった小さな商店や村など、食料を補給できる場所はいくつかあるが、物資補給が困難な場所なので、何もかもが割高らしい。安くて品揃え豊富な大型スーパーがあるホワイトホースで一ヵ月分の食料を用意すると、リヤカーの荷台は大きく膨らんだ。三〇キロ近い重量が増え、ずっしりとした重さを感じる。

朝食はお湯を注いで作るマッシュポテト、昼食はクッキーやチョコバーなど行動食、夕食はインスタントラーメンを三袋という生活を約二ヵ月続けている。インスタントラーメンにはチリやニンニク粉、バターとチーズ、乾燥野菜を入れたスペシャルラーメンだ。地元民から瓶詰のサーモンや鴨肉をもらった時は最高に豪華なラーメンになる。あまりに美味いのでクマをおびき寄せやしないかと心配になってしまう。

衝撃の事実が明らかになったのはホワイトホースの出発を目前に控えていた時のことだ。ルート上にはピール川、マッケンジー川という二つの川があるが、そこに橋は架かっていないらしいのだ。冬季は凍結した川が氷の橋となり、夏季になると両岸を行き来するフェリーが運航される。

川の凍結が溶け、車両通行禁止になるのは例年五月上旬で、私がそこに辿り着くのは、ちょうどその頃になりそうだった。気温と氷の厚さに左右されるので、今年がいつになるのかは分からないが、もし通行禁止になれば、陸路で北上する手段がなくなってしまう。その場合、氷が完全に溶けて、フェリーが運航されるまで、一ヵ月も足止めを食らうことになる。河岸に町などないので、一度ホワイトホースに戻ることになるかもしれない。予定が大きく狂うのは確実だった。最後はキャンプを楽しみながら、のんびり歩くつもりだったが、どうやら簡単には終わらせてくれないらしい。

川を渡れるか否か、これによって生じる一ヵ月の差はとても大きい。そのためホワイトホースを出てからは一日七〇キロのハイペースで歩いていく。八日目、五〇〇キロ歩いた先にデンプスターハイウェイの入口が現れた。

「デンプスターハイウェイに救急医療施設はありません。気を付けて運転してください」

「次の補給地まで三七〇キロ」という二つの看板が立てられている。ここから先は未舗装路になり、一日十五台前後の車しか通らない。何か起こったとしても駆け込める施設はなく、助けを呼ぶことも難しいだろう。身が引き締まる思いだ。道脇に雪が残る森林地帯を進んでいく。未舗装路ではあるが、しっかりと踏み固められた道なので歩く分には問題ない。

ドライバーが声をかけてくるたびに川の凍結状況を確認した。タンクローリーや大型トラックも行き来しており、それらが通行できるだけの強度はあるらしい。

「心配しなくても大丈夫だよ」という言葉に安堵し、「膝の高さまで水があるから歩いて渡るのは厳しいかもね」と言われれば、焦燥を募らせる。人によって言うことは異なるが、氷は溶け始め、氷上に水が溜まり、少しずつ深くなっているのは確かなようだった。

四月下旬になると、日差しはさらに鋭さを増した。時折現れる川の氷が溶けて、川面が見えていたら、ピール川は大丈夫だろうかと不安が増長していく。

川が凍結している間に渡りたいという気持ちは強い。しかし、氷が溶ける時には溶けるだろうし、自然が相手のことなので焦ってもしょうがない。到着が一ヵ月遅れるだけで、北極海が逃げることはないのだと開き直ると、憑き物が落ちたかのように気楽になれた。

延々と無人地帯が続き、人家が現れることはない。しかし、ずっしりとした重量感のある足跡が地面に刻まれているのを頻繁に目にし始めた。どうやらクマが冬眠から目覚めたらしい。クマの足跡に並行して私も極北の大地に足跡を刻み込む。

「北海道の高速道路は車の数よりクマの通る数の方が多い」と昔ある国会議員が揶揄し、鈴木宗男元衆議院議員が激怒していたが、この場所こそ野生動物の楽園であり、人間よりもクマの方が多いのは明らかだ。レストエリアにはグリズリーに注意するよう呼びかける紙が貼られている。

ある日、レンジャーの車が止まり、「すぐ近くで二頭のクマが道路を歩いていたから気を付けろ」と声をかけられた。澄み切った極北の空気に獣の匂いが加わり、張り詰めたものに変わっていく。恐怖心もあったが、それ以上に興奮で感情が昂るのを感じた。なるほど血が騒ぐとはこういうことなのか。ドクドクと血が脈打ち、ざわめいている。

ベアスプレーを手に取って武装した。銃など持っていないので、唐辛子成分が入ったこのスプレー缶がクマから身を守る唯一の武器だ。風上に向かって噴射すると、風に押し返され自分の目がやられてしまうので、風向きには注意しないといけない。左右を見回しながら注意深く歩いていたら、遥か前方に道路を歩くクマの姿が見えたが、私が追い付く前に森の中へ姿を消した。

アフリカ大陸を歩いた時はゾウと対峙した。最悪命を失うかもしれない動物との遭遇は強い緊迫と興奮が心臓を凝結させる。鉄扉に守られた車という安全圏ではなく、生身の姿で動物と対等な立ち位置で向かい合うことで、体の奥に眠っている本能が呼び起こされる気がした。前世は狩猟民族だったに違いない。

夜はテントから離れた場所に食料を置く。テントの風下になるよう細心の注意を払う。不安や恐怖心、心細さはもちろんあるが、クマの咆哮が聞こえてきそうな彼らの生活圏で緊張感のある夜を過ごすことは、言葉では言い表せない喜びを感じた。

北極圏では六月に、太陽が沈まない白夜という現象が発生する。日に日に日照時間は長くなっていき、〇時に夕焼け空、午前三時でも薄暗いという程度で漆黒の闇が訪れることはない。「夜になると暗くなる」というこの世に生を受けてからの常識、信じてきたものが覆される。

北緯六六度三三分を越え、北極圏に入ったのはホワイトホースを出発してから十五日目のことだった。同日夕方、後方からやって来たトラックが停車した。若い男性が窓から顔を出し、「明日の十二時にピール川が通行禁止になるぜ」と教えてくれた。

「えええっ、ウソでしょ。どこからの情報なの」

ドライバーは通行規制の情報が書かれたスマートフォンを見せてくれた。

「あなたも帰りは川を渡れないじゃない」

「トラックはイヌヴィックに残して飛行機で帰るさ」

川を渡るため、必死に歩き続けてきただけに、無情な宣告に体からどっと力が抜け、地面にへたり込みそうになった。しかし、あくまでトラックなど車両の通行が禁止されるだけで、歩いてなら渡れるはずだと一抹の希望を持って信じることにした。

ノースウェスト準州へ州境を越えた翌日、長い上り坂を越えたところで、深緑の針葉樹林帯を横たわる白いピール川が見えた。川の手前には「ROAD CLOSED」と車両の通行を規制する看板があるものの、行く手を拒む警備員の姿はない。通行止めの宣告を受けた後も地元民と会うたびに確認していたが、「心配するな。車両通行止めになっても歩いて渡れるよ」という言葉通り、川に足を踏み入れても問題なさそうだった。

思っていたよりも川幅は狭く、対岸まで四〇〇メートルくらいだろうか。まだしっかりと凍結しているし、渡るのはそれほど難しくなさそうに見えた。

川端には脛ほどの高さまで水が溜まっている。恐る恐る足を踏み入れてみると、冷たいなんてものではない、痺れるような痛みがあり、すぐに感覚を失った。顔を歪めながら大股で水の中を歩いていくと川面に張った薄い氷が現れた。

足を一歩踏み込むと、氷に亀裂が入り、ジャリッと小気味よい感触の後、ズボンと水の中に足が落ちる。そしてまたジャリッと薄氷を踏み、氷を砕きながら前進していく。川の中央までいけば、氷の状態は落ち着いたが、濡れた足が冷気に触れるとヒリヒリとした感覚があった。

対岸ではフェリーの運航に備え、船のメンテナンスが行われている。作業員が車でやって来て、「お前、何やってるんだ」とぶっきらぼうに言った。

「地元の人が歩いても問題ないと言ったので……」

怒られるかもしれないと思い、開口一番言い訳をしたが、問い詰められることはなかった。それどころか、「向こうの川端は深いから載せてやるよ」とリヤカーをトラックの荷台に載せて運んでくれた。一応通行止めになっているものの、柵があるわけでもないし、車でも渡ろうと思えば渡れるらしい。

川端は最も深いところで膝上ほどの高さがある。こういうこともあろうかと、あらかじめ着用していた水着になって対岸へ渡った。陸地に辿り着くと、氷水に浸かった足は赤らんで、痛みがあったが、最後の難所を越え、「よっしゃ」と拳を握りしめた。

六五キロ先ではマッケンジー川が待ち構えていた。川幅一キロの大きな川だが、凍結状態は良いらしく、通行止めになっていなかった。ここでも氷水に足を浸せば、刺すような冷たさを感じ、全身縮み上がってしまう。顔を引きつらせながら「ううううっ」と呻き声を上げた。靴底に大きな穴があいているので、足裏と氷が直に触れる。そのたびに「うぎゃーっ」と絶叫し、つま先立ちで素早く川を歩き抜けた。

マッケンジー川を越えると、トゥクトヤクトゥクへは二六五キロ、五日もあれば辿り着ける距離だ。あと五日で長い徒歩の旅が終わるという実感が湧かなかった。川を越えるため、ホワイトホースからハイペースで必死に歩き続けてきたため、あっという間に日々が過ぎ去っていった。鏡で顔を見ると目が充血し、疲労が色濃く表れている。我ながらひどい顔だ。二二時を過ぎ、ようやく太陽が西へと傾き始め、強い西日がテントに差し込んだ。

翌朝も日差しは強く、「本当にここは北極圏なのか？」と思うほどの暑さだった。温暖な気候になり、野鳥も姿を現し、久々にハエも目にした。この小さな体に冬を乗り越えるだけのエネルギーがあるとは思えないが、過酷な冬を一体どうやって過ごしたのだろう。

この地で暮らす先住民族イヌイットは人種的には日本人と同じモンゴロイドで顔立ちがよく似ている。行き来する車は砂煙を上げないよう減速してくれる。彼らの優しさを垣間見ることができた。すれ違いざまにお礼と挨拶を兼ねて手をあげる。

「どこへ向かってるんだい？」と気さくに声をかけてくれ、差し入れを渡されることも何度もあった。北極圏という過酷な地で暮らす彼らにとって、人と人との距離は近く、助け合うことは当たり前なのかもしれない。

白く長い髪を結った老年の男性が、「この土地で何を感じる？」と尋ねてきた。今思うと、「とても静かで気持ちが落ち着く」など、ふさわしい答えがあったはずだ。しかし突然の言葉に頭がうまく働かなかった。「ベリーグッド」と何とも間抜けな返答しかできなかったが、自然と密に接し、シャーマニズム思想を持つイヌイットならではの問いかけだなと思った。

星野道夫さんの本では、アラスカで暮らす魅力的な先住民の姿が描かれているが、そんな世界から出てきたかのような人情味あふれる人たちだ。

ようやく辿り着いた極北の地で自分と同じような顔立ちの人たちが暮らしているのは不思議であり、温かく迎えてくれた彼らに言いようのない安らぎを覚えたのだった。

36. 着くと約束［カナダ］

イヌヴィックに辿り着いたのは、ホワイトホースから二〇日目のことだった。凍結した川を渡るため、一日も休むことなく、一二〇〇キロを歩き続けてきた。鎖を引きずっているように、前へ一歩踏み出す動作も重く、疲労困憊で最後はフラフラな状態だった。そんな時、町の郊外で一台の車が停まった。

「今日はどこに泊まるの？　もしよかったらうちにいらっしゃい」

ジュディというおかっぱ頭の白人女性に声をかけられた。アークティック・シャレーというロッジを経営しており、無償で泊めてくれるとのことだ。イヌヴィックのどこに滞在するのか、あてがなかったので、とてもありがたい申し出だ。町の中心にある図書館の壁には大きなホッキョクグマの毛皮が掛けられている。ノースウェスト準州で登録された車のナンバープレートもホッキョクグマを型どったデザインであり、極北の地にいることを否応なしに実感させてくれる。ここで一日の休養をとった後、歩行を再開した。

長い旅の最終目的地は北極海に面したトゥクトヤクトゥクという小さな村だ。これまでは冬季に凍結したマッケンジー川がアイスロードと呼ばれる氷の道となり、その道を北上する以外に陸路でのアクセスは不可能だった。川の氷が溶ける夏季は船と飛行機でしか訪れることができず、陸の孤島と化していた。

例年なら五月半ばにさしかかる今の時期は通行止めになっていたかもしれないが、半年前の二〇一七年十一月、イヌヴィックとトゥクトヤクトゥクを結ぶ一三八キロのハイウェイが開通し、通年アクセスが可能になった。カナダの北極海へつながる道としては初めてのものらしい。車で辿り着くことのできる最北の町の一つである。

ハイウェイという響きを聞けば、どこか味気ないアスファルトの道を思い浮かべるかもしれないが、そんなものとは対極にある未舗装の道だ。雪解け後はぬかるんで泥の道となり、立ち往生した車が路上に乗り捨てられるほどの悪路が続いた。しかし、私にとっては自分の足で確実に北極海まで辿り着けるありがたい道である。

樹木限界線を越えたのか、いつの間にやら周囲の木々は消え、さらに北上を続けるとピンゴというドーム状の小山が現れた。山ではなく、窪地に溜まった水が地表下で氷になり、地上を押し上げてつくられるらしい。

道路の両側はぬかるんでいて、足を一歩踏み込めば、ずぼっと沈み込んだ。野営地をなかなか見つけられないまま、二二時半まで歩き続け、道路の端にテントを張った。一〇〇パーセントの安全性はないが、交通量は少ないし、深夜でも薄暗い程度なので、車が突っ込んでくることはないだろう。足かけ十年に及んだ長い旅では千泊以上をテントで過ごしたが、今夜が最後のキャンプとなる。

遮るものが何一つないので、絶えず強風が吹き荒れ、テントを設営するのも一苦労だ。バタバタと大きな音を立てて、テントは激しく揺れた。そんな耳障りな音を聞きながら、眠りに落ちていった。

イヌヴィックから三日目の朝、テントから顔を出すと太陽が昇り始めていた。やわらかな朝の光が極北の大地を照らし、目を細めた。旅空の下で迎える最後の朝、最後の日の出である。最後の一日の始まりとしては悪くないなと思った。依然風が強かったが、出発前に写真を一枚撮り、最後の歩行が始まった。

一時間歩いたところで、雪原に村の影がポツンと浮かんでいるのが見えた。

「あそこですべて終わるのか」

これまで歩くことに費やしてきた日々が走馬灯のように駆け巡る。最終目的地を目の前に気持ちが昂ったが、感情の波が落ち着いた後は、「アマゾンで何か注文したら、ここにも送料無料で届けてくれるのだろうか」とくだらないことを考えながら歩いた。次第に町は大きくなっていき、三時間後、村外れに「Welcome to TUKTOYAKTUK」という看板が現れた。

「長い旅は今日で終わりです」

村の入口で車が停まり、「どこから来たの」と尋ねてきた女性に長い旅路を話した後、私はそう呟いた。「今日一日楽しんで」と彼女は微笑んだ。

歩いている人はおらず、人口八〇〇人の小さな村は閑散としていた。寒風が吹きつけ、粉雪を散らす。簡素な家が並ぶだけで、ホテルやレストランは見当たらない。家の庭先ではグリズリーの毛皮が吊るされている。

さらに二度、車が停まり、「ウェルカム・トゥ・タック」と歓迎の言葉をかけられた。この辺りの人はトゥクトヤクトゥクのことをタックと呼んでいるらしい。

目指す先は北極海である。しかし見渡す限り真っ白で海が見えなかった。それもそのはずで五月中旬ではあったが、ここは北極圏、日中で

最後の村、トゥクトヤクトゥクの入り口にて

も氷点下一〇度という土地だ。海は凍結し、その上に雪が降り積もって雪原と化し、周囲の景色と判別できないのだ。

目の前に現れた北極海は凍てつき、氷上をスノーモービルが走っていた。昨年は氷の海を渡って二頭のホッキョクグマが村にやって来たという。海が見えるところに墓地があり、木製の十字架がいくつも並んでいた。最果てを思わせる寂しい景色だ。


「やっと着いた」

ぼそっと呟くと、白い吐息が風に飛ばされた。この先にもう道はない。南米大陸南端のウシュアイアから九五二日目、ついに北極海に辿り着いた。

「一つのことをやり抜きたい」

そんな思いから始まった旅は十年目を迎えていた。二七歳だった私は三七歳になり、がむしゃらに歩き続けた総距離は七七五〇〇キロに達した。

「着くと約束――トゥクトヤクトゥク――」

その約束の相手は誰でもない、自分自身だった。最後まで歩き抜くのだという自分との約束。これまでは一つの目標を達成するたびにハードルを上げてきたが、「次」に目指す場所はもう頭に思い浮かばなかった。

「やった！　俺は歩き抜いたんだ！」

北極海に立ち、歓喜の熱が心の奥から衝き上げてきたが、絶えず強風が吹き荒び、体感温度は氷点下二〇度である。凍てつく風にブルブルと体を震わせた。

長い旅の終着点だというのに、寒さのあまり、感傷に浸る余裕がなかった。写真を数枚撮り、出会った人たちのことを思いながら、「ありがとう」と大声で叫んだ。そして最後にペットボトルに入ったルビー色の液体を手に取った。

「一日の歩行を終えた後、毎晩『チアーズ・カーゴ（乾杯、カーゴ）』と言い、俺のことを考えて飲むんだ」

ホワイトホースでカーゴと別れた時に、三リットルのワインをプレゼントされていた。数本のペットボトルに詰め替え、歩行後に一杯やるのが毎日の楽しみだったが、最後のボトルは北極海で飲もうと思い、ずっと持ち続けていたのだ。

彼は今どこを歩いているのだろう。「一足先に北極海に辿り着いたよ」と呟き、ワインが入ったカップを掲げた。

「チアーズ・カーゴ」

私の長い旅は終わった。

旅の終着点・北極海

エピローグ

北極海で旅を終えた後、マイケル、アモン夫妻の家を訪れた。トゥクトヤクトゥクを目指して歩いていたこの日の朝、路上で彼らと出会い、「タックに着いたらうちにおいで。シャワーを浴びさせてあげるよ」と声をかけられていたのだ。最後の最後まで優しさを受け続けた旅である。長い旅路の中で幾度となくいただいたお招きの言葉だが、そんな誘いも今回で終わりだ。

彼らの家を訪れ、昼食をとった時、「今日で長い旅が終わったんだ」と話すと、拍手と共に「おめでとう」と声をかけられ、私は照れ笑いを浮かべた。夜はワインで乾杯し、マリオカートを皆で楽しむ。極北の地でマリオカートというのは実にシュールである。もしかしたら世界最北の地でマリオカートをプレイした日本人かもしれない。

翌朝、トゥクトヤクトゥクからヒッチハイクでイヌヴィックへ戻った。ここを通過する車は決して多くはないが、老夫婦の車を運よく三〇分で捕まえることができ、ピックアップトラックの荷台に荷物を積み込んだ。慣れ親しんだ時速五キロという速度ではなく、圧倒的なスピードで極北の景色がどんどんと流れていく。旅が終わったことにまだ実感はわかない。十年間も過ごしてきた日常が非日常に変わるまでもう少し時間がかかりそうだ。

往路以上にぬかるみがひどく、スタックして乗り捨てられた車が増えていた。老爺は何度も車を降りて、路面状況を確認した。先に進むことをためらうほどの悪路である。苦渋の表情を浮かべた彼は、首を横に振りながら言った。

「お前はイヌヴィックまで歩いていけ。俺たちはタックへ帰る」

無情の宣告を受けた私は思わず呟いた。

「えーっ。もう歩きたくないよ……」

しかしながら私が再びリヤカーを引くことはなかった。車はなんとか悪路を走り抜け、イヌヴィックに辿り着くことができたのだ。ゆっくりとタイヤを進ませる時は手に汗握り、ぬかるみを突破した時は心の中で大きな拍手を送った。私たちが通った後、道路は封鎖された。その後、イヌヴィックから飛行機を四便乗り継ぎ、五日間かけて帰国した。

二年七ヵ月振りの東京は三〇度近い夏日だった。直射日光を浴び続けた顔は黒ずみ、冬服に身を包んだ私の姿は明らかに浮いていた。人口密度が低い極北に長くいたこともあり、空港内を人々がせわしく行き交う光景を見て戸惑ってしまう。

喧騒が渦巻く東京と、静寂に包まれた北極圏が同じ空の下で繋がっていることに実感がわかない。精神と肉体が乖離し、どこか別のところでこの光景を眺めているかのようだ。ふわふわとした浮遊感があり、現実味のない不思議な感覚だった。

世界中で同じ時間が流れ、日本で暮らす私たちと同じように今を生きる人たちがいる。カザフスタンの草原で家畜を追う遊牧民、オーストラリアの砂漠で生きるアボリジニ、アンデスのインディヘナや北極圏で暮らすイヌイット……。

パタゴニアの氷河は今この瞬間にも大きな音を立てて崩れ落ちているかもしれないし、フエゴ火山はモクモクと噴煙を上げているかもしれない。アフリカではゾウが咆哮を上げ、極北で暮らすグリズリーはブルーベリーを貪っているかもしれない。

およそ八万キロに及んだ長い旅路の中で、さまざまな場所を訪れ、たくさんの人と出会ってきたが、彼らと同じ場所に立ち、同じ空気を吸い、同じ時間を過ごせたことは大きな財産だ。

トゥクトヤクトゥクで北極海に立った時、これから先、白く染まった北極海のようなキャンバスに新たな足跡を刻んで生きていくのだと誓った。日々の生活の中で息が詰まった時は時速五キロのスピードから目にした風景や出会った人たちの存在、彼らと共に過ごした時間を思い出そうと思う。

私が旅空の下で過ごした時間とかけがえのない経験は私を勇気づけ、新たな一歩を踏み出す力を与えてくれるはずだから。

あとがき

地球一周編、アフリカ編に続いて、南北アメリカ大陸編を書き上げたことで、私が描く時速五キロの旅もようやく終着点に辿り着いた。北極海に面したトゥクトヤクトゥクで旅を終えてから実に三年近くの時が経った。

旅の途中でとてもお世話になり、アメリカの母と慕うヴァレリーは、目的地に辿り着いてもすぐさま新たな目標へ向けて歩き始める私に対し、「あなたの足は歩みを止めることを知らない」と言った。しかしどうやら私の足は止まることを学んだらしい。帰国後も、歩きたいと思える「次の場所」は現れなかった。

「三十代後半、職歴二年、放浪癖あり」このようなスペックでの社会復帰は難航するものと思われたが、帰国から一年ほどしてなんとか就職した。当然ながら就職を機に生活がガラリと変わった。かつての日常だった歩く日々はすっかり非日常になってしまったが、事あるごとに旅の日々を思い出している。上海から歩き始めてからトゥクトヤクトゥクで旅を終えるまでの十年はその年月以上に私の人生の中で重みのあるものなのだ。人生そのものといってもいいだろう。

これまで書いた三冊の本に、旅のすべての出来事を書き綴ることは到底不可能だった。これらで綴ったものは思い入れのあるエピソードや印象深い出会いが主であり、ごく一部でしかない。

旅の大部分は一歩一歩、ひたすら歩を進める単調かつ地道な動作の繰り返しだった。そんな旅路での数えきれない出会いは旅に彩を与えてくれた。決して自分の力だけで歩き抜いたわけではなく、彼らがいたからこそ歩き続けることができた。一つ一つの出会いが背中を後押ししてくれたのだ。

「長い徒歩の旅を通じ、何を得られましたか?」と取材や講演の際に度々尋ねられる。私が伝えられるのは一つだけだ。どんなに小さな一歩でも、それを重ね続ければ、夢や目標に近付けるということである。歩き始めるまでは何一つやり遂げたことがなかったが、人間やろうと思えば、たいていのことはできてしまうんじゃないかと思えるようになった。「人生を歩む」と形容されるように、「歩く」ことは「生きる」ことでもある。物事が思惑通りいかなかったとしても、後ろを振り返れば、それまで刻んできた足跡は確実に残っているし、新たな道が目の前に現れるはずだ。疲れた時は休み、時には道を選び、人生という果てしない道の上に足跡を刻んでいくのだ。私自身、そんなことを胸に留めながら歩んでいこうと思う。一歩ずつ、ゆっくりと。私の旅はまだ終わっていない。

盟友カーゴについても書き残しておきたい。私が北極海に到達した十九日後、彼はプルドーベイに着き、五三〇日の旅を終えた。ゴールを目前に控えたある日、野営中にグリズリーと遭遇したらしいが、お守りの効果があってか、事なきを得たという。

最後になりますが、長年好きなことを好きなようにさせてくれた家族、装備品を提供してくださった各企業の皆様と報道各社、十年に渡り取材を続けてくれた共同通信社の広江滋規さん、本書の執筆の機会を与えてくださった産業編集センターの及川健智さん、この本を読んでくださったすべての皆様に御礼申し上げます。

そして旅空の下で出会い、私と関わったすべての方々へ。またどこかでお会いしましょう。ありがとうございました。

二〇二一年春　吉田正仁

本書は、毎日新聞鳥取版に連載された「吉田正仁の地平線を追って」をもとに大幅に加筆・修正を施したものです。

吉田正仁（よしだ・まさひと）

1981年鳥取県生まれ。2009年より四年半をかけて相棒のリヤカーとともに徒歩で地球一周分にあたる4万キロを踏破。ユーラシア大陸、北米大陸を横断、オーストラリア大陸、東南アジアを縦断した。その後、2014年からアフリカ大陸を縦断。リヤカー徒歩の旅で巡った国は60カ国にのぼる。著書に『リヤカー引いて世界の果てまで 地球一周4万キロ、時速5キロのひとり旅』(幻冬舎文庫)、『リヤカー引いてアフリカ縦断~時速5キロの歩き旅』(小学館クリエイティブ)。

わたしの旅ブックス

032

歩みを止めるな！
世界の果てまで952日リヤカー奮闘記

2021年5月21日　第1刷発行

著者――――吉田正仁

デザイン――――松田行正、杉本聖士（マツダオフィス）

地図作成――――山本祥子（産業編集センター）

編集――――及川健智（産業編集センター）

発行所――――株式会社産業編集センター
〒112-0011
東京都文京区千石4-39-17
TEL 03-5395-6133　FAX 03-5395-5320
https://www.shc.co.jp/book

印刷・製本――――株式会社シナノパブリッシングプレス

ISBN978-4-86311-300-8 C0026

〈わたしの旅ブックス〉シリーズ　好評既刊

005
ロング・ロング・トレイル
木村東吉

モデルでエッセイスト、アウトドアの達人でもある著者が紡ぐ〝旅とラン〟の軌跡《トレイル》。

013
ダリエン地峡決死行
北澤豊雄

コロンビア・パナマ国境の危険なジャングル地帯の踏破に挑んだ、ある一人の男の冒険ノンフィクション。

026
世界ヤバすぎ！ 危険地帯の歩き方
丸山ゴンザレス

クレイジーな好奇心がとまらない！ 危険地帯ジャーナリストが明かす、世界のダークサイドとその歩き方。

027
自転車お宝ラーメン紀行
石田ゆうすけ

東京の街をあっちにふらふら、こっちにふらふら。笑えて泣けて、心があったまる自転車ラーメン冒険記。

028
シェルパ斉藤の親子旅20年物語
斉藤政喜

20年にわたる「親子旅」をまとめた紀行文集。子連れ旅に憧れるお父さんにぜひ読んでもらいたい一冊。

029
混迷の国ベネズエラ潜入記
北澤豊雄

「破綻国家」ベネズエラへ身の危険に晒されながらも三度にわたって潜入した、限界ギリギリの冒険紀行。